그림으로 읽는 빅히스토리

빅뱅부터 혁명과 전쟁까지

그림으로 읽는 빅히스토리

◉ 김서형 지음 ◉

학교
도서관
저널

서문

별에서 온 인간

1.

여러 해 전에 500피스 퍼즐 맞추기를 선물 받은 적이 있습니다. 평소에 관심이 없었던 화가의 그림을 퍼즐로 완성하는 것이었습니다. 저는 이 퍼즐을 단 한 조각도 제대로 맞추지 못 했습니다. 왜 그랬을까요? 그림 전체의 이미지나 분위기를 알지 못하는 상황에서 수백 개에 달하는 퍼즐 조각을 맞춰볼 엄두조차 내지 못했기 때문입니다. 몇 개의 조각에서 수천 개에 이르는 퍼즐을 쉽게 맞출 수 있는 방법은 무엇일까요. 각각의 퍼즐 조각을 자세히 살펴보고 어떤 모양인지 파악하는 것도 중요하겠지만, 전체 퍼즐판의 모습을 이해하고 퍼즐 조각들이 어느 부분에 해당하는지 상상해보는 것이 퍼즐 맞추기에서는 더 중요합니다.

학문도 이와 비슷합니다. 오늘날 세상에 알려진 지식과 정보는 수많은 퍼즐 조각에 해당합니다. 우리가 이 수많은 퍼즐 조각을 모두 이해할 필요가 있을까요? 지금까지 축적된 지식과 정보를 모두 이해한다는 것은 불가능한 이야기입니다. 우리는 자신의 삶에 어떤 정보와 지식이 필요한지 선택해야 합니다. 내 삶에 필요한 정보와 지식이 무엇인지 쉽게 이해하고 선택하도록 돕는 것은 전체 퍼즐판이라고 할 수 있습니다.

세상 모든 것의 기원과 역사를 살펴보는 빅히스토리는 전체 퍼즐판을 이해하는 학문입니다. 빅히스토리는 '세상은 어떻게 시작되었을까?' '인간은 어떻게 탄생했을까?' '인간이 진화하면서 어떤 변화들이 나타났을까?' 등과 같은 큰 질문, 빅퀘스천을 제기하고 그에 대한 답을 다양한 학문과의 소통에서 찾아가는 과정입니다.

세상에 존재하는 모든 것들은 상호관련성을 가지고 있습니다. 하늘에 떠 있는 태양, 별, 달, 산, 강과 바다, 다양한 생명체, 그리고 인간은 서로 연결되어 있습니다. 오늘날의 과학 지식은 별에서 만들어진 여러 원소들이 다양한 방식으로 결합되어 세상의 모든 것들을 만들었다고 설명합니다. 인간의 신체도 별을 구성했던 산소, 탄소, 질소 등의 원소들로 이루어져 있습니다. 이처럼 세상에 존재하는 모든 것들의 기원을 설명하는 지식, 신화, 이야기들을 탐색하다 보면 인간에 대해 보다 분명하게 이해할 수 있겠지요.

빅히스토리는 밤하늘에 아름답게 빛나는 별을 보면서 별의 탄생 과정과 관련된 과학적 지식, 과거 인류는 별을 어떻게 바라보았는지, 별에서 만들어지는 다양한 요소들이 인간에게 어떤 영향을 미쳤는지 커다란 그림을 상상할 수 있게 합니다.

2.
증권거래소에서 일하는 한 남자가 있었습니다. 안정적인 직장을 다니고 있던 그는 어느 날 그림을 그리겠다며 안락한 집을 뛰쳐나와 파리의 싸구려 하숙집에 들어갔습니다. 얼마간 파리 뒷골목을 전전하던 남자는 도시생활에 염증을 느끼며 남태평양의 타히티섬으로 떠났습니다. 외딴 섬의 이국적인 자연환경에서 자족적인 삶을 살며 그림을 그렸던 그는 무척 행복해 보였지요. 그가 죽기 전 완성한 벽화는 신성하면서도 원시적인 자연과 인간의 본능이 살아 숨 쉬는 걸작이었습니다.

이 남자는 영국 소설가 서머싯 몸의 작품 『달과 6펜스』의 주인공입니다. 몸은 프랑스의 인상파 화가 폴 고갱의 전기를 읽고 영감을 받아 이 소설을 집필했습니다. 소설의 마지막에 나오는 그림은 고갱의 작품 〈우리는 어디서 왔는가? 우리는 누구인가? 우리는 어디로 갈 것인가?〉를 묘사한 것이라고 합니다. 딸의 죽음, 건강 악화, 빈곤 등으로 힘들었던 고갱은 이 그림을 마지막 작품이라 생각하고 그렸습니다. 오른쪽부터 세 명의 여인과 아기, 과일을 따는 사람과 과일을 먹는 소녀, 고통스러워하는 노인 등이 순차적으로 그려진 이 작품은 거대한 캔버스 안에 인간의 과거와 현재, 미래를 보여주고 있습니다. 우리는 이 그림을 통해 인간의 기원과 일생을 볼 수 있습니다.

인간을 비롯해 이 세상에 존재하는 모든 것들은 나름대로의 기원을 가지고 있습니다. 인류는 이 기원을 설명하는 여러 신화를 만들어냈습니다. 혼돈의 연못인 카오스에서 여러 신이 탄생했고 세상이 만들어졌다고 이야기하는 그리스 로마 신화, 알에서 깨어난 거인이 하늘과 땅을 비롯한 세계를 창조해냈다고 하는 중국의 반고 신화, 여섯 단계에 걸쳐 세상과 생명체가 창조되었다고 말하는 페르시아 신화, 하늘에 사는 대제사장이 나뭇조각으로 생명체를 만들었다고 설명하는 아메리카 원주민의 신화 등이 그 예입니다. 서구 문명의 발상지라 여겨지는 '비옥한 초승달 지대'(메소포타미아부터 이집트에 이르는 방대한 지역)에서는 신의 피로 인간을 만들어 신에게 봉사토록 했다는 신화가 전해져 옵니다. 남아프리카에서는 땅의 구멍에서 인간이 나왔다는 신화가 존재하고, 불가리에서는 신과 악마가 흙으로 인간을 만들었다는 신화가 전해져오고 있습니다. 쑥과 마늘을 먹은 곰이 인간으로 변해 낳은 아이가 나라를 세웠다는 우리의 건국 신화도 있지요.

물론 오늘날 이 같은 이야기를 사실이라고 믿는 사람은 거의 없습니다. 하지만 이런 신화를 통해 우리는 인간과 세상이 어떻게 탄생했는지 그 기원을 이해하고 설명하려는 다양한 노력들이 오래전부터 이어져왔음을 알 수 있습니다.

과학 기술의 발전으로 우리는 세상의 기원에 대해 보다 정확하게 알 수 있게 되었습니다. 138억 년 전에 빅뱅이 발생해 우주가 탄생했고, 45억 년 전에 가스와 먼지 같은 물질들이 결합해 지구가 만들어졌으며, 지구의 환경이 급격하게 변화하는 과정에서 생명체들은 이에 적응하고 진화해왔음을 우리는 과학적 증거를 토대로 이해하고 설명할 수 있습니다. 오늘날 축적된 과학적 지식과 정보는 과거 어느 시기보다 정확하고 믿을만한 것이기 때문입니다.

3.
우주와 생명, 인간의 기원과 진화에 관련된 이론의 등장과 축적은 19세기 이후 급속하게 발전했던 학문의 전문성과 밀접한 관련성을 가지고 있습니다. 이미 17세기 유럽에서는 과학적 실험과 관찰을 통해 창조론에서 진화론으로, 지구평면설에서 지구구형설로 우주관이 급격하게 변화하는 과정이 있었고, 이런 과학적 이론의 발전은 다른 학문의 발전에도 영향을 미쳤습니다. 이러한 변화는 19세기에 더욱 가속화되었습니다. 천문학, 생물학, 지질학, 고고학, 역사학 등 다양한 학문들이 독자적으로 발전하면서 구체적이고 세부적인 지식과 정보들이 축적되었고, 우리는 세상의 기원과 수많은 변화들을 더욱 자세히 알 수 있게 되었습니다. 하지만 독자적인 학문의 성장과 발전은 다른 학문과의 소통과 공존을 단절시키는 결과를 초래했습니다.

   빅히스토리는 파편화되고 조각난 지식들을 우주라는 큰 틀 속에서 맞춰보고 재배열함으로써 지금까지 전혀 공통점이 없다고 생각했던 현상들을 연결해볼 수 있게 합니다. 세상의 기원은 과학적 지식으로만 알 수 있는 것이 아닙니다. 신화와 전설, 민담, 역사적 사건을 통해 우리는 세상의 기원에 대해 인문학적 성찰을 할 수 있습니다. 그러므로 빅히스토리는 세상에 존재하는 수많은 신화와 이야기에도 관심을 가집니다. 이를 통해 우리는 흩어져 있던 지식 조각들이 어떻게 연결되고 어떤 모습으로 나타날지 상상할 수 있습니다.

우주의 기원을 찾다 보면 우리는 천문학, 화학, 물리학, 지질학이 어떻게 연결되는지를 이해할 수 있습니다. 인간의 기원과 행위, 역사를 고찰하다 보면 인문학과 자연과학이 전혀 다른 학문이 아님을 알 수 있습니다. 빅히스토리는 인문학과 자연과학을 연결해주고, 학문 간의 융합을 가능하게 해줍니다.

세상의 기원을 연구하고 고찰하는 것은 인간 중심적인 사고에서 벗어나 세상을 구성하고 있는 다양한 생명체와 사물들의 관계를 올바르게 이해하고, 함께 공존할 수 있는 방법을 모색하는 토대를 제공합니다. 138억년+α의 시간을 분석하는 빅히스토리는 초연결사회를 살아가는 우리들에게 가장 필요한 안내서인 셈입니다.

『그림으로 읽는 빅히스토리』는 우리가 잘 알고 있는 명화를 통해 우주와 생명, 인간의 이야기를 풀어나가는 책입니다. 세상의 다채로운 존재를 화폭에 담아낸 그림은 세상의 기원을 살펴볼 수 있는 좋은 매개체입니다. 하나의 그림에서 흩어진 역사적 사건과 과학적 지식, 종교적 이야기와 신화를 연결하는 작업은 인간과 지구,

생명체, 우주의 역사를 새로운 관점에서 살펴보고 상호연결성을 찾기 위한 작은 시도였습니다. 우리에게 즐거움과 감동을 선사하는 아름다운 그림처럼 이 책이 전달하는 이야기가 독자들에게 세상의 비밀을 아는 즐거움을 선사하기를 바랍니다.

2018년 1월

김서형

차례

5   서문 / 별에서 온 인간

1장
우주와 생명의 탄생

19 달과 화성, 금성이 일렬로 담기다
    빈센트 반 고흐, 〈삼나무와 별이 있는 길〉

29 하늘에 흐르는 별들의 강
    알프레드 스티븐스, 〈은하수〉

37 태양과 인류
    클로드 모네, 〈인상 : 해돋이〉

45 달과 지구의 관계
    폴 고갱, 〈달과 지구〉

55 생명체의 역사와 공존의 길
    구스타프 클림트, 〈생명의 나무〉

65 유인원, 인류의 조상
    앙리 루소, 〈원숭이가 있는 열대숲〉

75 불의 발견
    페테르 루벤스, 〈사슬에 묶인 프로메테우스〉

83 개는 언제부터 인간의 친구였을까
    김두량, 〈삽살개〉

2장
인류의 빛과 그림자

95 　옥수수로 만들어진 최초의 인간
　　 디에고 리베라, 〈옥수수 축제〉

105 　인간의 역사를 바꾼 쇠붙이들
　　 김홍도, 〈대장간〉

113 　설탕에 담긴 씁쓸한 진실
　　 오귀스트 르누아르, 〈설탕그릇과 막사발〉

123 　커피, 악마의 음료
　　 반 고흐, 〈아를 포룸광장의 카페 테라스〉

133 　흑사병, 유럽을 덮친 죽음의 그림자
　　 피테르 브뤼헐, 〈죽음의 승리〉

141 　콜럼버스의 항해, 탐험과 약탈
　　 디오스코로 톨린, 〈아메리카를 최초로 밟은 크리스토퍼 콜럼버스〉

149 　소빙기와 증기기관
　　 에이브러햄 혼디우스, 〈템스강의 서리장터〉

3장
혁명과 전쟁

159 프랑스혁명, 분노한 민중의 노래
외젠 들라크루아, 〈민중을 이끄는 자유〉

169 제국주의는 전함을 타고
윌리엄 터너, 〈전함 테메레르〉

177 골드러시와 미국의 명백한 운명
존 가스트, 〈미국의 진보〉

187 철근 콘크리트로 건설된 현대사회
조셉 스텔라, 〈브루클린 다리〉

195 세계를 연결하는 철도
존 슬론, 〈6시 정각〉

203 홀로코스트와 인종주의
조지 럭스, 〈헤스터가〉

212 찾아보기

1장

우주와 생명의 탄생

우리가 살고 있는 세상은 어떻게 탄생했고 변화해왔을까요? 인간과 생명체들의 삶의 터전인 지구, 하늘에 보이는 태양과 달, 별은 어떤 관계를 맺고 있을까요? 1장에서는 그림 속에 등장하는 우주와 별, 지구, 달, 생명의 탄생과 변화에 얽힌 비밀을 풀어가고자 합니다.

빈센트 반 고흐, 〈삼나무와 별이 있는 길〉, 1890

달과 화성, 금성이 일렬로 담기다

반 고흐, 〈삼나무와 별이 있는 길〉

빈센트 반 고흐^{Vincent van Gogh, 1853~1890}. 우리에게 그림 〈해바라기〉로 잘 알려진 네덜란드 화가입니다. 〈해바라기〉는 그가 프랑스 남부의 마을 아를에 살면서 그렸던 그림이지요. 아를에서 고흐는 폴 고갱과 함께 살기 위해 빌린 집을 노란색으로 칠한 후 해바라기로 장식했다고 합니다. 그리고 희망과 기쁨, 설렘을 나타내는 열두 송이의 해바라기를 화폭에 담아냈습니다.

고흐는 해바라기뿐만 아니라 별을 그리는 것도 좋아했습니다. 인간이 죽으면 별이 된다고 믿었던 그는 푸르고 짙은 밤하늘에 노란색으로 빛나는 별을 즐겨 그렸습니다. 대표적인 작품으로는 프랑스 오르세 미술관에 전시되어 있는 〈아를의 별이 빛나는 밤〉과 뉴욕 현대미술관의 〈별이 빛나는 밤에〉 등이 있습니다.

별에 담긴
무수한 이야기들

　별에 대한 고흐의 사랑은 그림 〈삼나무와 별이 있는 길〉에서도 엿볼 수 있습니다. 푸른 하늘에는 흰색과 노란색으로 빛나는 별이 그려져 있습니다. 흰색 별은 화성이고, 노란색 별은 바로 금성입니다.

　그리스 로마 신화에는 화성과 관련된 이야기가 있습니다. 신들의 고향 올림포스에는 12명의 신이 살고 있었습니다. 이 중 제우스의 아들이었던 아레스는 전쟁의 신이었습니다. 미의 여신 아프로디테의 애인이기도 했던 그는 성격이 급하고 난폭했다고 합니다. 붉은 빛을 띤 화성을 보고 사람들은 사람들은 화염에 싸인 전쟁터나 피를 연상했고, 화성에 '아레스^{Ares}' 혹은 '마르스^{Mars}'라는 이름을 붙였습니다.

　그리스 로마 신화에는 금성에 대한 이야기도 전해집니다. 금성은 미의 여신의 이름을 따서 '비너스^{Venus}'로 불리지요. 비너스의 탄생 신화는 다음과 같습니다. 대지의 여신 가이아와 하늘의 신 우라노스 사이에서 태어난 크로노스는 아버지의 남근을 자른 뒤 최고의 신 자리에 올랐습니다. 그는 제우스의 아버지이기도 하지요. 이때 잘라낸 남근이 바다에 떨어졌는데 바다에서 거품이 일면서 미의 여신 비너스가 탄생했습니다. 밤하늘에서 가장 밝고 아름답게 빛나는 금성에 사람들은 미의 여신의 이름을 붙였습니다.

다시 그림을 볼까요. 반짝이는 별 위로 달이 등장합니다. 오른쪽 모습만 보이는 이 달은 초승달입니다. 눈썹 모양을 한 초승달은 오전에 떠서 한낮에 남쪽에 도달하는데, 이때는 태양의 빛에 가려 잘 보이지 않습니다. 우리가 초승달을 확인할 수 있는 때는 주로 초저녁으로, 서쪽 하늘에 걸려 있을 때 그 모습을 확인할 수 있습니다.

달과 관련해서 중국에는 다음과 같은 신화가 전해져 내려옵니다. 항아와 남편 예(羿)는 본래 천상의 신이었습니다. 그러나 예가 화살을 쏘아 아홉 개의 태양을 떨어뜨린 죄로 부부가 함께 인간 세상으로 내려오게 되었습니다. 해결책을 찾기 위해 예는 서왕모를 찾아가 불로장생약을 구해 오는데, 이 약은 반만 먹으면 지상에서 불로장생하고, 한 번에 다 먹으면 다시 천신이 되어 승천할 수 있는 약이었습니다. 예는 아내와 약을 나눠먹고 지상에서 살려 했으나 다시 천상으로 돌아가고 싶었던 항아는 남편 몰래 약을 혼자 다 먹고 하늘로 올라갑니다. 옥황상제는 혼자 하늘로 올라온 항아를 달로 내쫓아 버리지요. 그곳에는 계수나무 한 그루와 불사의 약을 만드는 토끼밖에 없어서 항아 홀로 외로운 시간을 보내야 했다고 합니다. "푸른 하늘 은하수 하얀 쪽배엔, 계수나무 한 나무 토끼 한 마리"라는 구절이 나오는 우리나라 동요가 연상되기도 하는 달의 풍경이지요? 달을 바라보는 시선이 중국과 한국이 매우 비슷했음을 알 수 있습니다.

우주를 바라보는
인류의 시선 변화

　인간이 죽어서 별이 된다고 믿었던 고흐처럼 오랫동안 사람들은 인간과 별의 관계에 관심을 가지고 있었습니다. 별의 일생과 인간의 생은 비슷한 측면이 있습니다. 별은 탄생한 이후 성장을 거듭하다가 어느 순간이 되면 사라지거나 폭발을 합니다. 별이 폭발하는 현상을 '초신성 폭발'이라고 부릅니다. 사실 고흐의 그림에 등장하는 화성과 금성은 별이 아닙니다. 행성이지요. 별과 행성은 어떤 차이가 있을까요? 별은 스스로 빛과 열을 내지만, 행성은 그렇지 못하다는 특징이 있습니다. 별과 행성의 탄생을 들여다봅시다.

　우주는 138억 년 전 대폭발(빅뱅)로부터 탄생해 매우 빠른 속도로 팽창해나갔습니다. 우주가 팽창하면서 온도가 내려갔고, 그때가 우주의 암흑기였지요. 탄생 이후 우주의 온도는 균일했지만, 어떤 지점에서는 미세한 변화가 있었습니다. 온도 변화가 발생하는 곳에 중력이 작용하면서 주변의 물질들을 끌어당겼고, 이 같은 과정에서 탄생한 것이 바로 별입니다. 별은 당시 우주에 가장 많았던 수소와 헬륨을 이용해 빛을 냈고, 이후 우주는 암흑기를 벗어나 밝아질 수 있었죠. 우리가 바라보는 반짝이는 별빛은 별의 내부에서 일어나는 원소의 융합작용 때문에 발생하는 것입니다. 별은 빛과 열을 내기 위해 다양한 원소들을 사용하는데, 가장 마지막에 사용하는 원소가 바로 철입니다. 그리고 철을 다 사용하면 붕괴하거나 폭발합니다. 이때 수많은 원소들이 생성되어 우주 전체로 확산이 되지요. 우주 전체로 퍼진 원소들은 여러 가지 방식으로 서로 결합하면서 태양과 같은 별을 만들고, 수성이나 금성과 같은 행성도 만들었습니다.

태양계는 태양과 태양 주변을 돌고 있는 행성, 소행성, 혜성 등의 천체로 구성되어 있습니다. 모두 8개의 행성이 있는데, 크게 지구형 행성과 목성형 행성으로 나뉩니다. 고흐의 그림에 등장한 화성은 지구형 행성으로 최근 가장 많은 관심을 받고 있는 행성입니다. 크기가 지구와 비슷하고, 태양으로부터의 거리도 지구와 비슷하기 때문에 생명체가 살 수 있는 행성일지도 모른다고 해서 주목을 받았습니다. 하지만 화성의 대기는 비구와 비교했을 때 0.75퍼센트에 불과하고, 주로 이산화탄소와 질소로 구성되어 있습니다. 만약 화성에 생명체가 살게 된다면 지구에 살고 있는 생명체와는 모습이 매우 다를 것으로 예측됩니다.

새벽에 볼 수 있는 별이라 해서 우리가 '샛별'이라 부르는 금성도 지구형 행성입니다. 금성은 탄생 직후 다른 행성들과 여러 번 충돌했고, 그 과정에서 수증기와 일산화탄소가 다량 생성되었습니다. 이렇게 생성된 수증기와 일산화탄소에서 태양의 자외선으로 인해 수증기의 수소는 증발해 버리고, 남아있던 산소와 일산화탄소가 결합되어 이산화탄소가 만들어졌지요. 오늘날 지구에 영향을 미치는 온실효과는 대기의 이산화탄소 농도가 증가하면서 온도가 높아지는 현상인데, 금성도 온실효과로 인해 온도가 높아지고 있습니다.

　금성은 인류의 우주관을 변화시키는 계기가 되었습니다. 17세기 초 네덜란드 안경공이었던 한스 리퍼세이는 볼록렌즈와 오목렌즈를 사용해 망원경을 만들었습니다. 이탈리아 과학자 갈릴레오 갈릴레이는 이 망원경을 개량해 달의 표면과 태양의 흑점, 그리고 금성을 관찰했습니다. 그런데 갈릴레이가 관찰한 금성이 달처럼 모양이 변화하고 있는 것이었습니다. 이는 당시 유럽을 지배하고 있던 천동설의 이론과 어긋나는 현상이었습니다. 지구를 중심으로 태양과 행성이 돈다는 천동설에 따르면 행성의 모습이나 위치가 변할 수 없었기 때문입니다. 갈릴레이는 이를 근거로 우주의 중심은 태양이며 지구도 태양을 중심으로 회전한다고 주장했습니다. 그보다 앞서 코페르니쿠스가 내세운 지동설을 갈릴레이는 실제 천체현상으로 증명한 셈입니다. 이로써 세상은 새로운 우주관을 받아들이게 됩니다.

고흐의 그림에 나타난 천체 현상

　고흐의 그림에서 우리는 한 가지 재미있는 현상을 발견할 수 있습니다. 바로 화성, 금성, 달이 같은 하늘에 떠 있는 장면입니다. 이는 실제로 밤하늘에 나타나는 천체현상으로, '천체결집현상'이라고도 불립니다. 2017년 2월에도 초승달과 화성, 금성이 한 하늘에 나타나는 현상이 발생해 화제가 된 적이 있습니다. 이처럼 신비로운 천체현상이 과거에는 부정적으로 여겨지던 때가 있었습니다.

14세기 초 유럽에서 흑사병이 발생해 많은 사람들이 죽음에 이르렀습니다. 설상가상으로 1348년에는 대지진이 발생해서 유럽은 그야말로 혼란과 위기의 상황에 직면해야 했습니다. 당시 기록에 따르면 하늘에 다섯 개의 행성이 결집한 현상이 발생했다고 합니다. 천체결집현상은 유럽인들에게 불길함의 징조로 다가왔습니다. 하지만 고흐가 묘사한 천체현상은 불안하기보다는 오히려 밝고 따뜻해 보입니다.

그림 중앙에 우뚝 서 있는 삼나무도 눈길을 끕니다. 삼나무는 일본이 원산지인 나무로, 겨울에도 잎이 떨어지지 않고 녹색을 유지하는 상록수이지요. 삼나무의 이름 사이프러스Cypress에는 다음과 같은 유래가 있습니다. 아시아의 왕자 키파리수스Cyparissus는 어느 날 자신이 아끼던 사슴을 실수로 죽이고 맙니다. 그 죽음을 너무 슬퍼한 나머지 병석에 눕게 된 키파리수스는 아폴로에게 자신이 영원히 슬퍼하는 무언가가 되게 해달라고 부탁하지요. 키파리수스를 사랑했던 아폴로는 그를 한 그루의 나무로 만들어주었습니다. 이런 유래 때문인지 유럽에서는 삼나무를 묘지 주변에 많이 심곤 합니다. 하나 고흐의 삼나무는 죽음이나 슬픔의 이미지로 느껴지진 않지요. 하늘 높아 솟아올라 땅과 하늘을 연결하는 것처럼 보이는 삼나무는 고요하고 평화로운 분위기를 전달합니다.

죽어서 별이 되길 바랐던 고흐는 어쩌면 삶과 죽음이 단절되어 있는 것이 아닌 서로 연결되어 있는 것이라고 생각했는지도 모릅니다. 그의 그림에 나란히 등장하는 화성과 금성, 초승달처럼 말이지요. 그에게 희망과 기쁨을 상징하는 노란색으로 그려졌기 때문에 그렇게 느껴지는지도 모르겠습니다. 고흐는 이 그림을 통해 다음과 같은 메시지를 전하려 했던 것은 아닐까요? 삶과 죽음을 비롯해 세상의 모든 것들은 서로 연결되어 있다고 말이지요.

죽어서 별이 되길 바랐던
고흐는 어쩌면 삶과 죽음이 단절되어 있는 것이 아닌
서로 연결되어 있는 것이라고 생각했는지도 모릅니다.
그의 그림에 나란히 등장하는 화성과 금성, 초승달처럼 말이죠.
고흐는 이 그림을 통해 다음과 같은 메시지를 전하려 했던 것은 아닐까요?
삶과 죽음을 비롯해 세상의 모든 것들은 서로 연결되어 있다고 말이지요.

알프레드 스티븐스, 〈은하수〉, 1886

하늘에 흐르는 별들의 강

알프레드 스티븐스, 〈은하수〉

여름 밤하늘을 올려다 보면 하늘을 가로지르는 뿌연 강처럼 보이는 것이 있습니다. 바로 은하수입니다. 이 빛나는 강에는 여러 신화와 전설이 깃들어 있습니다. 우리는 오랫동안 은하수에 용이 살았다고 생각해서, 이 강을 '미리내'라고 불렀습니다. 용을 의미하는 '미르'와 강을 의미하는 '내'를 합친 말이지요. 한글소설『별주부전』에는 병에 걸린 용왕이 등장합니다. 육지에 사는 토끼의 간을 먹어야 병이 낫는다고 했던 이 용왕이 바로 용을 의미합니다. 용은 주로 강이나 바다, 호수 등에 사는데 하늘로 올라가면 은하수인 미리내에 산다고 합니다.

견우와 직녀 이야기에도 은하수가 등장합니다. 하늘을 다스리는 황제의 딸이었던 직녀는 베틀을 잘 짰습니다. 직녀는 소를 모는 청년 견우와 사랑에 빠져 결혼을 했지만, 결혼 후 신혼부부는 각자 맡은 일을 소홀히 했습니다. 분노한 황제는 두 사람이 떨어져 지내도록 명했고, 1년에 한 번 칠월 칠석 날에만 만날 수 있도록 했습니다. 하지만 이들 사이에는 큰 강이 흐르고 있어서 칠월 칠석 날에도 만날 수가 없었습니다. 이를 가엽게 여긴 까마귀와 까치들이 모여 다리를 만들어 이 둘을 만나게 해주었다고 합니다. 중국에서 유래된 이 설화에 등장하는 커다란 강이 바로 은하수입니다. 중국에서도 은하수를 하늘에 흐르는 강으로 여긴 것이지요.

그리스 로마 신화에 나오는 은하수의 유래는 다음과 같습니다. 제우스는 인간 여성 알크메네와의 사이에서 아들 헤라클레스를 얻었습니다. 제우스는 헤라클레스를 불사신으로 만들기 위해 부인 헤라가 낮잠을 자는 사이 몰래 그녀의 젖을 먹였습니다. 그런데 힘이 센 헤라클레스가 젖을 너무 세게 빨아들이는 바람에 헤라는 잠에서 깼고, 그때 사방으로 모유가 퍼지면서 은하수가 만들어졌다고 합니다. 영어로 은하수를 '밀키웨이$^{Mikly\ Way}$'라고 부르는 것도 이같은 이야기에서 유래한 것입니다.

은하수가 별들의 집합이라 주장했던 과학자들

은하수와 관련된 여러 나라의 신화나 민담에는 한 가지 공통점이 존재합니다. 바로 은하수를 '하늘의 강'이라고 생각했다는 것입니다. 하지만 은하수는 강이 아니라, 수많은 별들의 집합이라 할 수 있습니다. 은하수를 강이라고 믿던 시대에, 은하수가 별들의 집단이라고 말하는 사람들이 있었습니다. 물질이 더 이상 쪼개질 수 없는 원자로 구성되어 있다고 말한 철학자 데모크리토스는 밤하늘의 은하수처럼 거대한 것에도 관심을 가지고 있었습니다. 그는 당시 사람들의 믿음과 달리 은하수가 멀리 떨어진 별들로 구성되어 있다고 생각했습니다. 그리스 철학자 아리스토텔레스 역시 은하수가 별들의 폭발 때문에 발생하는 것이라고 말했습니다. 하지만 이들의 주장을 뒷받침할 만한 증거들은 존재하지 않았지요.

은하수가 별들의 집합이라는 사실을 입증하려는 시도는 10세기쯤에 이루어졌습니다. 아라비아 수학자이자 천문학자 알하젠은 빛에 많은 관심을 가지고 있었습니다. 그는 태양 광선이 대기에 의해 굴절되는 현상을 보고 빛이 물체에 부딪혀 이루는 각도와 물체에 튕겨져 나가서 이루는 각도가 동일하다는 사실을 알아냈습니다. 그는 은하수의 빛이 지구에 도달하는 시간이 매번 동일하게 나타난 현상을 보고 은하수가 대기권에 속하지 않은 먼 거리의 별들로 이루어져 있을 것이라고 예측했습니다.

11세기에 활동했던 아라비아 과학자 알 비루니 역시 은하수를 별들의 집합이라고 생각했습니다. 천문학에 뛰어난 재능을 보였던 그는 은하수가 수없이 많은 별들이 모여 있기 때문에 마치 강이 흐르는 것처럼 연속적으로 보이는 것이라고 주장했습니다.

아리스토텔레스로부터 많은 영향을 받았던 스페인 철학자 아벰

파세는 은하수가 별들의 집합이며 지구 대기에서 발생하는 굴절 현상 때문에 강처럼 보이는 것이라고 주장했습니다.

갈릴레이는 은하수가 무수한 별들의 집합이라는 사실을 과학적 증거로 입증했습니다. 자신의 망원경을 이용해 '지동설'을 입증했던 갈릴레이는 망원경으로 별들이 빼곡히 모인 은하수의 실체를 확인했습니다.

역사적으로 17세기는 "과학 혁명의 시대"라고 불립니다. 과학적 증거를 토대로 오랫동안 세상을 지배했던 우주관에 변화를 가져왔던 시기였기 때문이지요. 은하수에 대한 인식의 변화도 그 중 한 가지였습니다.

과학적 사고가 가져온 세계관의 변화

19세기 중반, 벨기에 출신의 알프레드 스티븐스 Alfred Stevens, 1823~1906는 주로 우아한 여성의 모습을 그렸던 화가였습니다. 그의 작품 〈은하수〉는 창가에서 밤하늘을 바라보고 있는 여성을 그린 것입니다. 밤하늘에 밝게 빛나는 수많은 별들이 바로 은하수입니다. 빛나는 은하수 덕분에 여성이 바라보고 있는 밤하늘은 조용하면서도 신비롭게 느껴집니다. "만약 당신이 아름다운 별빛 아래에서 밤을 지새운 적이 있다면, 당신은 모두가 잠든 시간에 또 하나의 신비로운 세계가 고독과 정적 속에서 깨어난다는 사실을 알고 있을 것입니다"라는 알퐁스 도데의 소설 「별」의 한 구절을 그대로 옮긴 듯한 그림이지요.

　태양이 움직이는 길을 '황도'라고 하고, 이 길에 위치한 열두 개의 별자리를 '황도 12궁'이라고 부릅니다. 은하수의 중심에서 가장 밝고 많은 별들이 모여 있는 '사수자리'도 황도12궁 가운데 하나입니다. 그리스 신화에 나오는 사수자리의 유래는 다음과 같습니다. 상체는 인간, 하체는 말인 켄타로우스족의 케이론은 다재다능하고 예언에도 능력이 있어 많은 영웅들이 그의 가르침을 받았습니다. 어느 날 그의 제자 중 한 명인 헤라클레스가 친구들과 함께 켄타로우스족의 공동자산인 포도주를 마시며 주정을 부리다가 켄타로우스 일족들과 시비가 붙었습니다. 이때 케이론은 헤라클레스가 쏜 독화살을 맞게 됩니다. 죽지 않는 불사의 몸으로 영원히 고통에 시달려야 했던 케이론은 영생의 길을 포기하고 하늘로 올라가 사수자리가 되었습니다.

　사수자리의 중앙에 보면 제타$^\zeta$, 타우$^\tau$, 시그마$^\sigma$, 파이$^\varphi$, 람다$^\lambda$, 뮤$^\mu$, 여섯 개의 별이 국자 모양을 하고 있습니다. 우리는 '남두육성'이라고 부르는 별자리입니다. 북쪽 밤하늘에는 남두육성과 비슷하게 생긴 별자리가 있지요. 바로 북두칠성입니다. 일곱 개의 별이 국자 모양을 하고 있는 북두칠성에는 다음과 같은 이야기가 전해져 내려옵니다. 제우스의 아들을 낳은 칼리스토는 헤라의 미움을 받아 흰 곰으로 변했습니다. 곰이 된 칼리스토는 숲에서 아들을 만나게 되고, 너무 반가운 나머지 자신이 곰으로 변했다는 사실도 잊은 채

아들에게 다가갔지요. 하지만 이를 모르는 아들은 칼리스토를 향해 활을 쏘려 했습니다. 이 광경을 지켜보고 있던 제우스는 모자간의 비극을 막기 위해 두 사람을 별자리로 만들었습니다. 두 모자는 각각 큰곰자리, 작은곰자리가 되었고, 큰곰자리의 꼬리 부분에 빛나는 일곱 개의 별이 북두칠성입니다.

1929년에 미국의 천문학자 에드윈 허블은 거리가 먼 별들일수록 지구에서 빠르게 멀어진다는 법칙을 발견했습니다. 별들이 중력에 의해 모여서 한 군락을 이루는 것을 '은하'라고 부르는데, 허블은 자신의 저서에서 은하는 크게 세 가지 종류로 나눌 수 있다고 설명했습니다. 우리가 살고 있는 지구가 포함된 '나선 은하', 타원의 모양으로 별들이 모인 '타원 은하', 중심의 밝은 팽대부와 이를 둘러싸는 바깥의 원반구조로 이루어진 '렌즈형 은하'가 그것입니다. 1994년에는 사수자리에서 타원 은하보다 크기가 작은 '왜소 타원 은하'가 발견되었다고 합니다.

천체현상을 통해 인간의 운명이나 미래를 예측했던 점성술은 고대 바빌로니아와 중국에서 시작되었습니다. 황도12궁을 만든 것도 바빌로니아였습니다. 태양의 궤도가 그리는 원을 따라 일정한 간격으로 나눈 열두 개의 별자리는 바빌로니아의 천문학과 점성술을 발전시켰습니다. 이를 통해 1개월 단위로 태양의 위치를 파악했고, 행성과 달의 위치도 쉽게 알 수 있었습니다. 점성술은 처음에 국가의 운명을 예측하는 데 쓰였지만, 점차 개인의 내면이나 운명을 점치는 방식으로 확대되었습니다.

하지만 유일신을 강조하는 기독교가 등장함에 따라 점성술은 점차 쇠퇴했습니다. 이후 17세기에는 세상을 지배했던 천동설이 무너지고 지동설이 등장했고, 지구는 둥글다는 지구구형설이 학계의 지지를 받게 되었으며, 점성술 대신 과학을 통해 세상의 기원을 설명하게 되었습니다. 오늘날 사람들은 은하수를 하늘을 가로지르는 강이라고 생각하지 않습니다.

클로드 모네, 〈인상 : 해돋이〉, 1872

태양과 인류

클로드 모네, 〈인상 : 해돋이〉

이집트 창조신화에 따르면 태초의 세계는 혼돈의 바다밖에 없었다고 합니다. 어느 날 바다에서 갑자기 언덕이 솟아올랐고, 그 언덕에서 최초의 신 '아툼'이 탄생했습니다. 여러 신들을 만든 창조신이자 태양신이었던 아툼은 아침에는 '케프리', 낮에는 '라', 저녁에는 '아툼'이라는 이름으로 불렸습니다. 아툼의 오른쪽 눈은 불가사의한 힘을 가지고 있었고, 왼쪽 눈은 잘못한 사람들을 감시하고 벌을 주곤 했습니다. 고대 이집트에서는 죽은 사람을 미라로 만들고 관 속에 사후세계 안내서인 『사자의 서』를 함께 넣는다고 합니다. 이 문서에 따르면 아툼은 죽은 파라오의 영혼을 피라미드에서 꺼내 낙원으로 올려 보내주는 역할을 한다고 합니다.

남아메리카 해발 3800미터에 위치한 티티카카 호수에는 태양섬

이 있습니다. 볼리비아와 페루의 국경을 이루는 거대한 티티카카 호수는 잉카문명의 근원지이기도 하지요. 잉카인들은 이 호수에서 태양신이 탄생했다고 믿었습니다. 태양신 인티가 잉카인을 만들고, 잉카제국을 세웠다는 전설이 이 섬에 깃들어 있습니다.

태양과 관련된 신화는 농경에 종사했던 지역에 빈번하게 등장합니다. 약 1만 년 전, 마지막 빙하기가 끝난 이후 시작된 농경은 인류에게 더 많은 먹거리와 생산물을 안겨 주었습니다. 농경생활을 하면서 인간은 태양 에너지를 이용하는 방법을 터득했습니다. 농경이란 생존에 필요한 에너지를 얻기 위해 태양 에너지를 효율적으로 활용하는 방식을 뜻합니다. 농경 지역에서 태양은 위대하고 고마운 존재였습니다.

태양과 인상주의

태양은 인류의 문화 예술에도 많은 영향을 미쳤습니다. 특히 태양의 빛으로 인한 풍경의 변화는 미술사에 중대한 전환점을 가져왔습니다. 시작은 '빛의 마술사'라 불리는 한 화가로부터 비롯되었습니다. 인상주의의 창시자 클로드 모네$^{\text{Claude Monet, 1840~1926}}$에 관한 이야기입니다.

인상주의는 19세기 후반~20세기 초반, 프랑스를 중심으로 발생했던 예술사조로서 빛과 함께 움직이는 색채의 변화를 포착하려

했던 회화 운동입니다. 그리고 이 명칭은 모네의 〈인상 : 해돋이〉라는 작품에서 유래했습니다. 동일한 사물이 빛에 따라 달라지는 모습에 관심을 가졌던 모네는 태양이 뜨고 지는 모습을 주의 깊게 관찰했습니다. 〈인상 : 해돋이〉는 고향집에서 내려다본 항구의 모습을 담아낸 작품입니다. 모네는 대상의 형태를 뚜렷하고 정교하게 묘사했던 전통적인 회화 기법에서 벗어나 빛과 그림자가 전하는 풍경의 인상을 표현하고자 했습니다. 이 작품은 붉은 빛의 태양과 하늘, 그리고 어두운 빛의 바다가 대비되면서 태양이 떠오르는 풍경을 보여주고 있습니다.

모네에게 중요한 영감을 주었던 태양은 50억 년 전에 탄생했습니다. 빅뱅 이후 우주가 팽창하면서 별이 생성되고 폭발하는 과정에서 태양이 탄생했지요. 그 과정을 좀 더 자세히 살펴봅시다.

빅뱅 이후 우주에는 가스와 먼지가 가득했습니다. 암흑과도 같았던 우주에서 미세한 온도 변화가 일어났고 중력이 작용하면서 가스와 먼지 같은 물질들이 서로 결합되어 성운을 형성했습니다. 그리고 이 성운에서 별도 만들어졌습니다. 별의 중심부에 모인 가스들은 서로 충돌했고, 이렇게 충돌할 때마다 열에너지가 발생해 온도가 상승하고 빛이 만들어졌습니다.

별의 중심 온도가 1000만 도 이상이 되면 양성자끼리 부딪히고 융합하는 '핵융합 반응'이 일어납니다. 이때 거대한 에너지가 생성되고, 다양한 원소들이 만들어지지요. 중심 온도가 30억 도 이상인 별은 빛을 내기 위해 원소들을 사용하다가 마지막에 철이 남게 되는데, 이 철이 가득해지면 별은 폭발하게 됩니다. 이것을 우리는 '초신성 폭발'이라고 부릅니다. 별이 탄생한 후 초신성 폭발이 거듭되면서 철보다 무거운 원소들이 만들어졌고, 이것이 우주 전체로 확산되었습니다.

여러 물질들이 응집된 성운은 초신성 폭발로 인해 붕괴하면서 납작한 원반을 형성합니다. 바로 '원시 행성계 원반'입니다. 이 원시 행성계 원반이 점점 뜨거워지면서 핵융합이 발생했고, 원시 행성계 원반을 구성하는 물질 가운데 99.9퍼센트가 태양을 형성했습니다. 이렇게 형성된 태양의 지름은 약 130만 킬로미터, 중심 온도는 약 1500만 도입니다. 태양의 내부는 핵과 복사층, 대류층으로 구성되어 있고, 표면은 가스층인 광구와 대기층으로 구성되어 있습니다. 대기는 다시 채층과 전이 영역, 코로나로 구분이 됩니다.

태양의 핵에서는 핵융합 반응이 발생합니다. 핵융합 반응으로 에너지가 발생하고, 이 에너지는 대류층을 통해 바깥쪽으로 이동합니다. 광구에서 복사 형태로 전파된 태양 에너지로 인해 지구의 수많은 생명체들이 생존할 수 있는 것입니다.

태양의 채층에서는 플레어 현상이 발생합니다. 플레어 현상이란 채층 일부가 갑자기 밝아졌다가 원래 상태로 되돌아가는 현상을 의미하는데, 태양의 활동 가운데 가장 강력한 폭발 현상입니다. 플레어 현상은 태양의 흑점 주기와 밀접한 관련이 있어 흑점의 수가 많을 때 플레어 현상이 발생하는 빈도 역시 높아집니다.

태양 표면에 나타나는 검은 반점인 흑점은 갈릴레이가 1611년에 처음 발견했습니다. 망원경으로 태양의 흑점을 발견한 갈릴레이는 11년을 주기로 이 흑점이 증감한다는 사실도 밝혔습니다. 흑점과 관련해서 우리나라에는 다음과 같은 이야기가 전해져오고 있습니다.

평안남도 남포시 용강군에는 고구려 시대의 돌무덤인 쌍영총이 있습니다. 쌍영총의 벽화에는 발이 세 개인 까만 새가 등장합니다. '삼족오'라 불리는 이 새를 사람들은 태양에 사는 새라고 여겼습니다. 태양의 흑점이 마치 까만 새처럼 보였기 때문입니다.

태양의 흑점이 지구에 미치는 영향

태양의 흑점은 지구에도 많은 영향을 미칩니다. 태양 흑점이 증가하면 지구에서는 매우 특별한 현상들이 발생합니다. 그 중 하나는 오로라입니다. 오로라는 북위 60~80도 사이의 오로라대에서 발생하는 현상입니다. 태양 대기의 가장 바깥 부분인 코로나는 흑점이 증가하면 크고 밝게 빛나고, 흑점이 감소하면 작고 어둡게 보입니다. 코로나의 온도는 100만 도 정도로 핵과 비교했을 때 낮은 온도이지만, 사실 음전하와 양전하가 분리된 플라스마 상태입니다. 태양에서 만들어지는 수소나 헬륨과 같이 가벼운 원소들은 플라스마 상태에서 전자를 잃어버립니다. 하지만 철과 같이 무거운 원소는 전자의 일부만 떨어집니다. 이때 떨어진 전자는 태양풍으로 방출되는데, 지구 대기의 공기와 반응하면서 빛을 발생합니다. 이것이 바로 오로라입니다. 북위 60도에서 70도 사이에 위치한 핀란드에서는 오로라를 자주 볼 수 있습니다. 핀란드인들은 오로라를 여우가 꼬리를 바위에 치면서 만드는 불이라고 생각했고, 이 동물을 잡으면 부자가 된다고 믿었습니다.

오로라와 관련된 기록은 우리나라에서도 찾아볼 수 있습니다. 1451년에 완성된 『고려사』는 고려시대의 정치와 관련된 역사를 기록한 「본기」와 인물에 대해 기록한 「열전」으로 구성된 책입니다. 『고려사』에는 "불 같은 적기가 남방에 나타났다"라든가, "밤에 비단 같은 백기가 하늘에 닿았다가 갑자기 붉은 기운으로 변했다"라는 기록들이 등장합니다. 적기나 백기는 오로라를 뜻합니다. 더욱 흥미로운 것은 『고려사』에 등장한 오로라의 주기가 약 11년으로 태양 흑점 주기와 일치한다는 사실입니다.

우리나라에서는 혜성이 나타나면 왕이 죽거나 전쟁이 발생하는 등 불행이 닥친다고 믿었습니다. 혜성의 긴 꼬리가 사람들에게 두려움과 경이로움의 대상이었던 것입니다. 13세기에 편찬된 『삼국유사』에 따르면 신라의 세 화랑이 금강산으로 유람을 떠났다가 혜성을 보았는데, 승려 융천사가 〈혜성가〉를 지어 부르니 사라졌다는 기록이 등장합니다. 이 혜성의 꼬리는 태양풍의 이온과 혜성의 이온 사이에서 발생하는 전기력 때문에 나타나는 현상입니다.

태양의 흑점이 지구에 미치는 영향은 이뿐만이 아닙니다. 대규모의 태양풍 폭발 현상을 의미하는 '코로나 질량 방출'은 지구에 심각한 영향을 미칩니다. 코로나 질량 방출로 방출된 전자와 양성자는 지구에 접근해 자기권을 교란시킵니다. 그 결과 전파나 통신이 두절되는 현상이 발생하기도 합니다. 특히 인공위성이나 항공기에 치명적인 영향을 미칩니다. 1859년에 발생했던 태양풍 폭발은 유럽과 북아메리카 지역의 전기와 통신망을 마비시키며 2조 달러 이상의 경제적 손실을 입히기도 했습니다. 코로나 질량 방출은 태양 흑점과 밀접한 관련성을 가지고 있습니다. 흑점이 많아지면 코로나 질량 방출 역시 증가합니다.

하지만 이와 같은 치명적인 영향에도 불구하고, 최근 태양은 새로운 재생가능 에너지로 부상하고 있습니다. 재생가능에너지란 자연계에 존재하는 에너지를 의미하는데, 기후 변화와 에너지 고갈 등의 국제적 위기가 고조됨에 따라 재생가능에너지에 대한 관심 역시 증가하고 있습니다. 지금까지 태양 에너지는 태양이 떠 있을 때만 에너지를 이용할 수 있다는 단점이 있었는데, 최근 태양 에너지를 탄화수소로 변화시키는 기술이 성공했습니다. 오랫동안 인간을 포함해 지구의 수많은 종들은 생존하기 위해 태양 에너지를 사용해왔습니다. 그리고 앞으로 태양과 지구, 그리고 생명체의 상호 관련성은 계속 증가할 것입니다.

폴 고갱, 〈달과 지구〉, 1893

달과 지구의 관계

폴 고갱, 〈달과 지구〉

중국의 반고 신화에서 최초의 세상은 하늘과 땅의 구별이 없는 혼돈 상태로, 마치 계란과 같은 모습이었다고 합니다. 이 거대한 계란 속에서 거인 반고가 태어났고, 밝고 맑은 것은 위로 올라가 하늘이 되었고, 어둡고 탁한 것은 아래로 내려가 땅이 되었습니다. 반고가 자라면서 머리로는 하늘을 떠받치고 다리로는 땅을 지탱해 하늘과 땅의 거리는 더욱 멀어졌습니다. 그리고 반고가 죽자 그의 왼쪽 눈은 태양이 되었고, 오른쪽 눈은 달이 되었다고 합니다.

게르만 신화에 따르면 문딜파리라는 사람에게는 아들 '마니'와 딸 '솔'이 있었습니다. 각각 달과 태양을 의미하는 이름을 가진 이 남매는 매우 오만했습니다. 오만한 성격의 남매에게 화가 난 신은 남매를 하늘로 데려가 태양과 달의 마차를 모는 마부로 삼았습니다. 남매는 늘 이리에게 쫓겼기 때문에 잡아먹히지 않기 위해 달려야만 했는데, 결국 세상이 끝날 무렵 이리에게 먹혀 하늘이 붉게 변했다고 합니다.

서아프리카에 위치한 말리에 사는 도곤족은 산악지대에 살면서 농경에 종사해 왔습니다. 이들에게는 하늘과 땅, 인간 세상의 기원에 대해 설명하는 신화가 전해져 옵니다. 창조신 '암마'는 두 개의 흰 항아리를 만들었습니다. 한 항아리에 붉은 구리선을 감았고, 다른 하나에는 흰 구리선을 감았는데, 붉은 구리선을 감은 것은 태양, 흰 구리선을 감은 것은 달이 되었다고 합니다.

우리나라에도 태양과 달에 관련된 재미있는 이야기가 전해져 옵니다. 먼 옛날에 빛이 없는 까막나라가 있었습니다. 까막나라에는 태양과 달이 없었기 때문에 늘 어두웠습니다. 어느 날 어둠에 지친 왕은 불개를 이웃나라에 보내 태양과 달을 훔쳐오도록 했습니다. 하지만 태양은 너무 뜨거웠고, 달은 너무 차가웠기에 불개는 태양과 달을 물었다가 뱉는 과정을 반복할 수밖에 없었습니다. 이 불개로 인해 태양과 달의 모습이 달라졌다고 합니다. 이야기에서 불개가 태양을 물었다가 뱉으면서 모양이 변하는 것이 일식이고, 달을 물었다가 뱉으면서 모양이 변하는 것이 바로 월식을 상징합니다.

히나와
파투 신화

　프랑스 후기 인상파 화가 폴 고갱$^{Paul Gauguin, 1848~1903}$은 원래 증권거래소 직원이었습니다. 그는 인상파 작품을 수집하면서 그림에 관심을 가지게 되었는데, 1882년 1월 파리 주식시장이 붕괴하고 많은 증권거래소가 문을 닫자 그는 회사를 그만두고 화가가 되기로 결심합니다. 하지만 그의 생활은 점점 어려워졌고, 도시생활에 지친 고갱은 1887년 카리브해에 위치한 마르티니크섬으로 향했습니다. 그곳에서 열대지역의 원시적이고 야생적인 환경에 매료된 그는 몇 년 후 타히티섬으로 떠났고, 산업혁명과 자본주의에 물든 문명사회에서 벗어나 소박하고 순수한 자연을 그리는 데 몰두했습니다. 건강한 타히티 원주민들과 밝고 강렬한 색채는 그의 작품의 중요한 요소였습니다.

　1893년에 완성된 〈달과 지구〉는 타히티 지역의 신화를 바탕으로 한 그림입니다. 달의 여신 히나는 지구의 신 파투에게 인간의 영생을 부탁하지만, 파투는 단호하게 이 부탁을 거절합니다. 고갱은 바로 이 장면을 묘사했습니다.

　고갱은 히나와 파투를 서로 다른 크기로 그려서 이들 사이에 발생했던 갈등과 분쟁을 보여주고 있습니다. 히나가 그림의 대부분을 차지하고 있는 것처럼 보이지만, 배경으로 등장하는 파투가 히나보다 크게 그려진 것으로 보아 달의 여신보다 지구의 신이 더욱 강력한 힘을 가지고 있었던 것으로 추정됩니다. 히나가 인간의 영생을 파투에게 부탁했던 것도 이런 이유에 연유했을 것입니다. 무엇인가 애원하고 호소하는 히나의 모습과는 대조적으로 파투의 모습은 매우 단호해 보입니다.

여러 지역의 신화에서 달은 주로 태양과 함께 등장합니다. 하지만 고갱의 그림에 등장하는 히나와 파투 신화는 다른 특징을 가지고 있습니다. 바로 지구와의 관계 속에서 달을 바라보고 있다는 것입니다.

달과 지구는 동시에 탄생했을까

태양이 형성될 때 원시 행성계 원반의 물질 99.9퍼센트를 사용했기에 나머지 0.1퍼센트의 물질들이 태양계의 여러 행성들을 구성했습니다. 멀리 날아간 수소와 헬륨을 제외하고, 암석형 행성을 구성할 수 있는 무거운 원소가 지구와 수성, 금성, 화성, 달 등을 만들었습니다.

지구와 달이 탄생한 과정을 좀 더 자세히 살펴봅시다. 태양을 구성하고 남은 물질들은 다소 무겁고 단단했습니다. 이 물질들은 정전기력이나 충돌을 통해 조금씩 커졌고, 소행성이나 운석을 만들어냈습니다. 소행성은 행성보다 작은 천체이고, 운석은 우주 공간에서 떠돌던 물체가 대기권을 통과하면서 타지 않고 남은 부분을 의미합니다. 운석과 소행성은 규소, 산소, 철 등 비슷한 성분으로 구성되어 있습니다. 우주를 떠돌아다니던 운석과 소행성이 점점 커지면서 격렬한 충돌을 일으켰고 중력이 작용해 궤도 안의 물질을 끌어당기면서 지구와 같은 암석형 행성을 만들었습니다. 이러한 과정을 '응축'이라 부르는데, 달 역시 응축을 거치며 형성된 것입니다.

참고로 우주를 떠돌아다니는 운석은 주로 소행성대에서 날아오는 것입니다. 1801년 화성과 목성 사이에 공전하는 세레스 소행성이 발견된 이후, 비슷한 위치에서 소행성이 몰려 있는 소행성대가 발견되었습니다. 목성의 궤도에서 태양을 공전하는 트로이 소행성도 발견됐습니다.

과거에는 지구와 달이 동시에 형성되었다고 믿었습니다. 우주에 떠돌아다니던 행성들이 동시에 지구와 달을 만들었다는 것입니다. 학자들은 달과 지구가 동시에 형성되었지만, 지구가 중력이 더 크기 때문에 달이 지구 주변을 돈다고 생각했습니다. 하지만 최근 달이 점차 지구에서 멀어진다는 사실이 밝혀지면서 달과 지구의 동시 탄생설에 대해 보다 많은 과학적 증거가 필요하게 되었습니다. 어떤 과학자들은 지구에서 달이 분리되었다고 주장하기도 합니다. 지구 형성 초기에 매우 빠르게 자전하는 과정 속에서 떨어져 나가 만들어진 것이 달이라고 이들은 말합니다.

이와 더불어 가장 많은 사람들이 믿고 있는 달의 형성 과정은 바로 충돌설입니다. 형성된 지 얼마 안 된 지구 주변을 떠돌아다니던 암석이나 행성들이 지구와 충돌했고, 그 파편이 지구 주변을 돌면서 응축됨에 따라 달이 형성되었다는 것입니다. 달의 분화구는 바로 이 같은 충돌의 역사적, 과학적 근거라고 볼 수 있습니다. 달에는 대기가 존재하지 않기 때문에 분화구는 오랫동안 그 모습을 유지할 수 있었습니다. 대기층의 침식이나 퇴적작용 때문에 분화구를 찾아볼 수 없는 지구와는 대조적인 모습입니다.

달에 도착한 인간

1969년 7월 20일, 미국 플로리다주 메리트섬에 위치한 케네디 우주센터에서 출발한 아폴로 11호가 달에 착륙했습니다. 세계의 수많은 사람들이 이 장면을 지켜봤습니다. 인류 최초로 달에 발을 내디뎠던 닐 암스트롱은 다음과 같이 말했습니다. "이것은 한 인간의 작은 발걸음이지만 인류에게는 위대한 도약이다."

제2차 세계대전이 끝난 후 미국과 소련은 세계 강대국으로 부상했습니다. 1957년 소련이 최초의 인공위성인 스푸트니크 1호 발사에 성공하자 미국은 막대한 예산을 투자해 달 탐사를 시도했습니다. 미국은 총 여섯 차례에 걸친 달 탐사를 통해 달 표면의 월석을 지구로 가져와 분석했는데, 충돌에 의해 표토층이 부서지면서 만들어진 퇴적암과 현무암, 알루미늄이나 칼슘이 많이 포함된 사장암 등으로 구성되어 있었습니다. 세계적인 규모의 소더비 경매에서 닐 암스트롱이 달에서 가져온 흙먼지를 담은 주머니가 약 20억 원에 팔려 관심을 모으기도 했습니다.

지구의 위성인 달은 지구 주변을 돌기만 하는 것은 아닙니다. 달 역시 지구를 끌어당기는데, 이 인력 덕분에 지구는 23.5도의 자전축을 유지하고 있습니다. 자전축의 매우 안정적인 기울기 덕분에 햇빛이 지구에 골고루 퍼지면서 지구의 기온은 생명체가 살기에 적합한 온도를 유지할 수 있습니다. 또한 자전축 덕분에 사계절의 변화가 이루어질 수 있습니다. 북극이 태양을 향해 기울어지면 북반구에는 여름이 발생하고, 남반구에는 겨울이 발생하며, 북극이 반대쪽으로 기울어지면 북반구에는 겨울이, 그리고 남반구에는 여름이 발생합니다. 달의 인력으로 지구에서는 간조와 만조가 발생합니다. 달이 지구를 끌어당기면서 만조가 발생하고 해수면이 부풀어 오르는데, 달의 인력이 없었다면 해수가 극지방으로 움직여 해수면이 상승해 홍수가 발생할 것입니다.

최근 연구 결과, 달이 지구로부터 1년에 약 4센티미터씩 멀어진다는 사실이 밝혀졌습니다. 그리고 그 비율은 점점 증가하고 있습니다. 달이 지구로부터 멀어진다면 지구에서는 어떤 현상이 나타날까요? 우선 지구의 자전축이 불안정해지면서 적도 지역은 훨씬 더워지고, 극 지역은 훨씬 추워질 것입니다. 만조가 사라지면 해수면이 상승하면서 수많은 지역들이 바다에 잠기게 될 것이며, 간조가 사라지면 갯벌이 말라 수많은 생명체들이 멸종하게 될 것입니다. 육지의 오염 물질들을 정화하는 작용 역시 멈추게 될 것입니다.

결국 지구에 생명체가 존재할 수 있는 골디락스 조건 가운데 한 가지는 바로 달이라는 위성입니다. 이런 관점에서 본다면 지구와 달은 고갱의 그림에 나타나는 것처럼 달이 지구에게 간청하는 것이 아니라 공존하는 운명을 가지고 있다고 할 수 있습니다.

달의 여신 히나는 지구의 신 파투에게 인간의 영생을 부탁하지만
파투는 이를 단호하게 거절했습니다.
고갱은 이 장면을 포착해 화폭에 담아냈습니다.
그림 속 파투는 큰 몸집에 단호한 표정이고,
히나는 왜소한 몸집에 애절한 표정을 짓고 있습니다.
그러나 이 우주에서 달과 지구는 서로에게 없어서는
안 될 공존 관계에 있지요.

구스타프 클림트, 〈생명의 나무〉, 1905~1909년경

생명체들의 역사와 공존의 길

구스타프 클림트, 〈생명의 나무〉

오스트리아 화가 구스타프 클림트 Gustav Klimt, 1862~1918는 찬란한 황금빛의 그림을 그리는 것으로 유명하지요. 주로 여성들을 그렸던 그는 "역사상 여성의 세계를 가장 잘 표현한 화가"로도 불렸습니다. 그의 대표작 〈키스〉는 꽃이 만발한 언덕에서 연인이 서로 입맞춤하고 있는 모습을 담았습니다. 연인이 걸치고 있는 화려한 황금빛 옷은 짧지만 강렬한 사랑의 여운은 느끼게 해줍니다.

관능적인 여성과 성스러운 여성의 이미지로 여성의 모습을 표현했던 클림트는 말년에 상당히 독특한 그림을 그렸습니다. 당시 유명했던 건축가 요제프 호프만이 벨기에 실업가에게 의뢰받은 저택을 건축하면서, 식당의 벽화를 클림트에게 요청합니다. 클림트는 식당의 긴 벽을 세 부분으로 나누고, 왼쪽에는 여성의 모습을, 오른쪽에는 포옹하고 있는 남녀의 모습을, 가운데에는 거대한 나무를 그렸습니다. 이 글에서는 가운데 부분의 나무 그림에 주목하고자 합니다.

클림트, 위그드라실에 영감을 받다

〈생명의 나무〉라는 제목이 붙은 이 벽화는 클림트가 게르만족 신화에 나오는 '위그드라실'에서 영감을 받아 그린 것입니다. 위그드라실은 창조신 오딘이 심은 물푸레 나무입니다. 이 나무는 세 개의 거대한 뿌리를 가지고 있는데, 각각 신의 세계인 '아스가르드', 지하 세계인 '니플헤임', 인간의 세계인 '미드가르드'로 연결되어 있습니다. 또한 각각의 뿌리 아래에는 샘이 흐르고 있습니다. 아스가르드로 뻗은 뿌리에는 '우르드'라는 샘이 흐르고 있는데, 과거·현재·미래를 상징하는 세 명의 신이 이 샘물을 지키고 있습니다. 니플헤임으로 뻗은 뿌리 밑에는 '흐베르겔미르'라는 샘이 있지만, 독을 가진 용인 니드호그가 살면서 나무를 말려 죽이려고 끊임없이 뿌리를 갉아먹고 있습니다. 미드가르드로 뻗은 뿌리에는 수많은 지혜를 담고 있는 '미미르'의 샘이 존재합니다.

클림트는 위그드라실의 형상을 충실하게 묘사했습니다. 그림의 아랫부분에 묘사한 세 개의 뿌리는 신의 세계와 인간의 세계, 지하의 세계를 나타내고 있습니다. 소용돌이치는 나뭇가지는 순탄치 않은 복잡한 인생을 상징하는데, 나뭇가지에 달린 여러 개의 눈들은 터키의 '이블 아이'를 연상케 합니다. 터키어로 '나자르 본주'라 불리는 이블 아이는 악마로부터 소중한 것을 지켜주는 부적 같은 형상을 말합니다. 클림트는 인간의 일생 동안 어렵고 힘든 일에 직면했을 때 쓰러지지 않도록 지켜주는 수호신 같은 눈을 군데군데 그려 넣었습니다.

그림의 오른쪽 나뭇가지에는 검은 새가 앉아 있습니다. 일반적으로 신화에 나오는 검은 새는 두 세계로 사람들을 인도하는 역할을 합니다. 하나는 영성을 따라 영원한 세계로 이끄는 것이고, 다른 하나는 자신을 되돌아보고 주어진 일에 충실하도록 하는 것입니다. 클림트의 그림에 등장하는 검은 새는 소용돌이치는 나뭇가지가 더 뻗어나갈 수 있도록 인도하는 것처럼 보입니다. 인간의 세계에서 신의 세계로 연결되는 통로인 셈입니다.

하지만 클림트의 나무가 게르만족의 신화만 보여주는 것은 아닙니다. 불교에서는 생명이 탄생하고 자라며, 죽은 후에 다시 땅으로 되돌아간다고 믿는 윤회사상이 있습니다. 클림트의 나무는 지하의 세계와 인간의 세계, 신의 세계가 연결된 나무를 통해 이 같은 윤회사상도 표현하고자 했습니다.

『종의 기원』과 생명의 나무

클림트 외에도 생명의 나무에 관심을 가진 사람이 있었습니다. 영국의 생물학자 찰스 다윈입니다. 우리에게는 진화론의 창시자로 잘 알려져 있지요.

1831년 남아메리카와 남태평양의 여러 섬들을 항해하면서 동식물과 지질 등을 조사했던 다윈은 남아메리카 동쪽에 위치한 갈라파고스제도에서 진화론의 증거가 되는 자료들을 발견합니다. 열아홉 개의 화산섬과 암초들로 이루어진 갈라파고스제도에는 '핀치'라는 새가 살고 있었습니다. 섬의 환경이나 먹이에 따라 부리의 크기나 모양이 다른 핀치는 다윈에게 진화에 관한 중요한 단서를 제공했습니다. 예컨대 딱딱하고 큰 씨앗을 주로 먹는 핀치는 뭉툭한 부리, 곤충을 잡아먹는 핀치는 뾰족한 부리를 가지는 식으로 약 13종의 부리가 다른 핀치가 이 섬에 살고 있었던 것입니다. 다윈은 이를 보고 하나의 종이 서로 다른 환경에 적응하면서 여러 종으로 분화했다고 생각했고, 이를 토대로 계통도를 그려 나갔습니다. 이 계통도를 다른 종에게도 적용시켜 형상화한 것이 바로 '생명의 나무'였습니다.

'생명의 나무'는 지금까지 지구에 살고 있거나 살다가 멸종했던 생물의 진화 계통을 나타낸 그림입니다. 다윈은 1859년에 출판된 『종의 기원』의 제4장 '자연선택'에 생명의 나무 그림을 넣었습니다. 그는 A부터 L까지 임의의 종을 설정하고, 시간이 흐르면서 더 많은 종들이 분화하는 과정을 나무로 보여주었습니다. 그리고 동일한 종 안에서 작은 차이 때문에 발생하는 분화는 세대를 거듭할수록 더 큰 차이를 나타내며, 결국 서로 다른 종으로 분화한다고 설명하고 있습니다. 갈라파고스의 핀치가 그것을 잘 보여주는 사례입니다. 처음에 핀치는 똑같은 부리를 가진 하나의 종이었을 것입니다. 그러다가 서로 다른 환경에 살면서 점차 부리의 모양이 변화하고, 변형된 부리를 가진 핀치의 종이 늘어났을 겁니다.

이를 토대로 다윈은 '자연선택 이론'을 제시했습니다. 자연선택은 자연환경이나 조건에 적응하면 살아남지만, 그렇지 못하면 멸종하게 된다는 이론입니다. 모든 생물은 엄청난 수의 자손을 낳습니다. 하지만 자연환경은 이들이 모두 생존하기엔 자원이 부족합니다. 따라서 어떤 자손을 생존시킬 것인지 자연이 선택을 합니다. 자손들은 약간의 유전적 변이를 가지고 있는데, 시간이 흐를수록 생존에 유리한 유전적 변이를 가진 자손들을 살아남는 반면, 생존에 불리한 유전적 변이를 가진 자손들은 사라지게 됩니다. 생존에 유리한 유전적 변이는 세대를 거듭하면서 계속 전해집니다. 하지만 이러한 형질 역시 조금씩 변화하면서 시간이 지나면 조상과는 전혀 다른 형질을 가진 종으로 거듭나게 됩니다.

사실, 다윈이 생명의 나무를 최초로 제시한 것은 아니었습니다. 이미 1801년에 프랑스 식물학자 오귀스탱 오지가 식물 계통도를 작성했고, 프랑스 진화학자 장 바티스트 라마르크가 동물 계통수를 작성한 바 있습니다.

'용불용설'(자주 사용하는 기관은 발달하는 반면, 그렇지 않은 기관은 퇴화한다는 이론)로 알려진 라마르크는 동물 계통수의 가장 위에 벌레를 두고, 가장 아래에 포유류를 두면서 위에서 아래로 진화가 이루어진다고 주장했습니다. 라마르크는 기린의 목이 길어진 것은 높은 가지에 있는 나뭇잎을 먹기 위해 목을 늘리는 과정을 반복했기 때문이며, 날 필요가 없었던 펭귄은 날개를 사용하지 않았기 때문에 날개가 퇴화한 것이라고 말했습니다. 그는 개체가 획득한 변화된 형질을 자손에게 물려줄 수 있다고 생각했습니다. 하지만 획득형질은 유전되지 않는다는 것이 오늘날 정설로 받아들여지고 있습니다.

다윈은 자연선택 이론을 통해 기린이 긴 목을 가지게 된 이유를 설명했습니다. 기린의 목에 유전적 변화가 발생했고, 목이 긴 기린은 자연의 선택을 받았지만 목이 짧은 기린은 도태되고 소멸할 수밖에 없었습니다. 결국 살아남는 것은 결국 목이 긴 기린이었습니다.

다윈은 자연선택 이론을 뒷받침하기 위해 회색가지나방의 사례도 설명했습니다. 주로 온대지역에 서식했던 회색가지나방은 원래 밝은 회색을 띠고 있었습니다. 아주 소수의 나방들만 검은색이었지요. 하지만 현재 회색가지나방의 98퍼센트는 검은색을 띠고 있습니다. 어떻게 된 일일까요? 처음에 회색가지나방은 회색 껍질을 가진 나무에 주로 서식하면서 천적으로부터 스스로를 보호했습니다. 18세기 중반 산업혁명이 시작되고 대기 중 오염물질이 많아지면서 밝은 회색은 더 이상 나방들을 보호해주지 못했지요. 검은색을 띤 나방들의 생존율이 높아지면서, 결국 자연의 선택을 받은 것은 검은색 나방들이었습니다.

모든 생명체는 하나의 뿌리에서 나왔다

라마르크와 다윈은 모두 계통수를 통해 종의 다양성을 설명했다는 점에서 공통점을 가지고 있습니다. 하지만 이들의 가장 큰 차이는 바로 공통조상에 대한 설명입니다. 라마르크는 자신이 제시한 계통수를 통해 종의 다양성을 설명했지만, 공통조상에 대해서는 언급하지 않았습니다. 반면 다윈이 생명의 나무를 통해 보여주고자 했던 것은 종의 다양성뿐만 아니라 모든 생명체가 공통조상으로부터 분화되었다는 사실입니다. 그는 인간의 손과 박쥐의 날개, 그리고 고래의 앞지느러미가 서로 다른 모습을 띠고 있지만, 동일한 해부학적 구조를 가지고 있음에 주목했습니다. 그리고 하나의 공통조상에서 출발해 종 분화를 거쳐 인간과 박쥐, 고래라는 종의 다양성을 보이게 되었다고 생각했습니다.

다윈의 이런 생각을 좀 더 확대시켜 보면, 지구의 모든 생명체는 단일한 공통조상으로부터 출발했을 것입니다. 생물학자들은 이를 '루카'라고 부릅니다. 모든 생명체의 마지막 공통조상이 약 40억 년 전에 존재했던 것으로 추정됩니다. 주변 환경이나 여러 가지 조건들에 적합하게 진화한 생명체는 생존했고, 그렇지 못한 생명체는 멸종했습니다. 클림트의 〈생명의 나무〉에서 소용돌이치면서 계속 뻗어나가는 나뭇가지는 생존하는 생명체를 의미하고, 더 이상 뻗어나가지 못하는 나뭇가지는 멸종한 생명체를 의미합니다.

지구에 생명체가 등장한 이후 최소한 열한 번 이상 대규모의 생명체들이 멸종했습니다. 이 가운데 가장 규모가 큰 멸종을 '대멸종'이라고 부릅니다. 가장 규모가 컸던 대멸종은 약 2억 5000만 년 전에 발생했던 페름기 대멸종이었습니다. 당시 지구 생명체의 약 96퍼센트 이상이 사라졌지요. 하지만 대멸종은 생명의 몰락만을 의미하지는 않았습니다. 가까스로 살아남은 종들은 급격한 환경변화에 적응하면서 생존에 유리한 형질을 후손에게 전해주었고, 오랜 시간에 걸쳐 변화한 형질로 인해 서로 다른 종으로 분화했습니다. 결국 대멸종 이후 새로운 방식으로 생명의 나무가 그려지게 된 것이지요.

최근 학계에서는 여섯 번째 대멸종에 대해 심각한 우려를 나타내고 있습니다. 과거의 대멸종이 지구와 태양의 관계 변화나 소행성 등과 같이 외부적인 요인들 때문에 발생했던 것이라면, 지금 진행되고 있는 대멸종은 바로 인간들로 인해 발생하는 것이기 때문입니다. 클림트의 〈생명의 나무〉는 공통조상에서 분화된 수많은 생명체들의 역사를 보여줄 뿐만 아니라 이들이 함께 공존할 수 있는 방법에 대해서도 생각하게 합니다.

클림트는 게르만족 신화에 나오는
위그드라실을 충실하게 묘사했습니다.
아랫부분에 그려진 세 개의 뿌리는
신의 세계, 인간의 세계, 지하의 세계를 나타내고 있습니다.
소용돌이치는 나뭇가지는 순탄치 않은 복잡한
인생을 상징합니다.

앙리 루소, 〈원숭이가 있는 열대숲〉, 1910

유인원, 인류의 조상

앙리 루소, 〈원숭이가 있는 열대숲〉

"저는 출구가 없었습니다. 어떻게 해서든 출구를 마련해야 했습니다. 출구 없이는 살 수 없으니까요. 그래서 저는 원숭이이기를 포기해야겠다고 생각했습니다."

프란츠 카프카의 소설 「학술원에 드리는 보고」에 나오는 원숭이 '빨간 피터'의 고백입니다. 인간에게 포획당해 좁은 우리에 갇혀 살게 된 빨간 피터는 살아남기 위해 인간의 모습을 배웁니다. 말하는 법을 터득한 빨간 피터는 동물원으로 가지 않고, 연설을 하러 다녔습니다. 많은 사람들이 사람처럼 살아가는 원숭이의 연설을 들으러 몰려갔지요. 앞서 나온 대사는 빨간 피터가 자신이 인간이 될 수밖에 없었던 이유에 대해 고백하는 장면에서 나온 것입니다. 원숭이의 본능을 포기한 피터는 살아남을 수 있었지만, 본연의 정체성을 잃어 버렸기 때문에 결코 행복할 수 없었습니다.

카프카는 이 소설에서 빨간 피터의 눈을 통해 인간사회의 부조리함과 위선을 고발하고 있습니다. 빨간 피터는 어떻게 잡혀온 걸까요. 아프리카 초원에 살고 있던 원숭이는 총상을 입고 포획됩니다. 이때 얼굴에 흉터가 남습니다. 뿐만 아니라 인간들은 원숭이의 털에 담뱃불을 붙여 상처를 입힙니다. 빨간 피터는 연설 도중 자신의 상처를 보여주는데, 사람들은 이런 행동을 무례하다고 질타합니다. 동물을 마구잡이로 사냥하고 학대하면서 인간사회에서는 예의를 따지는 그들의 모습은 그야말로 위선적이었습니다. 또한 인간은 자신들이 어디든 갈 수 있고 무엇이든 할 수 있는 자유로운 존재라고 생각하지만, 빨간 피터의 눈에는 줄에 매달려 묘기를 부리는 공연자의 모습과 비슷해 보였습니다. 인간의 모습으로 살아가는 빨간 피터는 원숭이에서 인간으로 진화하는 것이 반드시 발전과 진보를 가져다주는 것은 아니라는 사실을 보여줍니다.

진화론 vs 창조론, 오랜 대결의 역사

이 소설을 보고 있으면 한 화가가 떠오릅니다. 동물과 식물이 가득한 이국적인 풍경을 즐겨 그렸던 프랑스 화가 앙리 루소^{Henri Rousseau, 1844~1910}입니다. 한 가지 재미있는 점은 그가 그린 이국적인 풍경이 실제로 본 것이 아니라 상상을 토대로 한 것이라는 사실입니다. 한 번도 자신이 살고 있는 나라를 떠난 적이 없는 그는 동물과 식물을 그리기 위해 자연사박물관, 동물원, 식물원을 수없이 방문했습니다.

루소는 원근법이나 비례 등의 원칙을 무시하고 그림을 그렸습니다. 그의 그림에 등장하는 대상들은 조화를 이루지 못했고, 한편으로는 사실적으로 보였지만, 다른 한편으로는 환상적으로 보였습니다. 전통적인 예술로부터 탈피하고자 했던 많은 화가들은 그를 자연이 이끄는 대로 작업하는 선구자라고 여겼습니다.

루소는 정글을 소재로 26점의 그림을 그렸습니다. 어떤 그림에는 사자가 등장하고, 또 다른 그림에는 호랑이가 등장합니다. 뱀이 등장하는 그림도 있습니다. 그런 그의 그림에 유난히 자주 등장하는 동물은 원숭이입니다. 맨드릴 개코원숭이, 고릴라, 오랑우탄, 여우원숭이, 긴꼬리원숭이 등 다양한 종류의 원숭이들이 그의 그림에 등장합니다.

포유류 중에서 물건을 잡을 수 있는 손과 발이 있는 종류를 '영장류'라고 부릅니다. 영장류 중에서 꼬리가 없는 종류를 '유인원'이라고 부르는데, 고릴라, 침팬지, 긴팔원숭이 등이 이에 포함됩니다. 그리고 유인원 가운데 인간으로 진화한 종을 '호미니드'라고 부릅니다.

영화 〈혹성탈출〉 시리즈를 아시나요. 1968년에 처음 나와 총 아홉 편의 작품이 만들어진 SF영화입니다. 인간과 유인원의 전쟁을 그런 이 영화는 우주를 탐사하던 인간이 원숭이가 살던 행성에서 갈등을 일으켜 전쟁이 벌어지게 된다는 원작 시리즈와, 지구에서 의약실험의 대상이 되고 학대를 당하던 유인원이 인간을 상대로 반란을 일으킨다는 내용의 리부트 시리즈로 나눌 수 있습니다. 두 시리즈 모두 유인원이 인간처럼 진화한다는 공통 주제를 다루고 있지요.

19세기 중반, 다윈이 제기한 진화론은 유럽사회에 큰 파장을 일으켰습니다. 당시 유럽은 신이 지구의 모든 생명체를 창조했다는 창조론이 지배하고 있던 사회였습니다. 다윈의 진화론은 세상을 발칵 뒤집어놓기에 충분했습니다. 이후 창조론과 진화론의 오랜 논쟁의 역사가 시작되었습니다.

다윈은 진화론에서 원숭이와 인간이 공통조상을 가지고 있다고 설명했습니다. 이를 학계와 종교계에서는 원숭이가 시간이 지나면 인간이 된다는 것으로 오해했습니다. 이와 관련해 1860년 옥스퍼드대학에서 벌어진 논쟁은 매우 유명합니다. 당시 영국 국교회 주교인 윌리엄 윌버포스는 진화론을 지지했던 생물학자 토마스 헉슬리에게 다음과 같이 물었습니다. "당신의 할아버지 쪽이 원숭이인가요, 아니면 할머니 쪽이 원숭이인가요?" 이에 대해 헉슬리는 이렇게 답했습니다. "진리를 찾기 위해 노력하는 사람을 왜곡하는 인간을 할아버지로 삼기보다는 차라리 정직한 원숭이를 할아버지로 삼겠습니다."

700만 년 전 인간과 유인원은 공통조상에서 분화된 이후 서로 다른 방식으로 진화했습니다. 따라서 시간이 흐른다 해도 원숭이는 인간이 될 수가 없습니다. 하지만 많은 이들이 진화론을 원숭이가 인간으로 진화한다는 개념으로 이해했고, 이 같은 상황은 20세기 초에도 크게 달라지지 않았습니다.

1925년 7월 21일, 미국 테네시주의 작은 도시에서는 미국 전역의 주목을 받는 재판이 벌어졌습니다. 재판의 피고는 존 스콥스, 한 고등학교의 젊은 생물교사였지요. 존 스콥스가 법정에 서게 된 이유는 무엇이고, 왜 온 미국이 이 재판에 주목했던 걸까요? 당시 테네시주에서는 공립학교에서 진화론 교육을 금지한다는 버틀러법이 있었습니다. 존 스콥스는 이 법을 어기고 학생들에게 진화론을 가르쳤고, 이로 인해 기독교 근본주의자들에게 고발을 당하게 됩니다. 기독교 근본주의 측의 변호사는 민주당 하원의원과 국무장관을 연임했던 윌리엄 제닝스 브라이언, 존 스콥스 측의 변호사는 미국시민자유연합의 클래런스 대로우가 나섰습니다.

일명 '원숭이 재판'이라 불리는 당시 재판 과정은 진화론과 창조론의 치열한 논쟁의 장과 같았습니다. 처음엔 "성경의 내용은 100퍼센트 사실이다"라고 주장했던 브라이언이 대로우의 날카로운 질문으로 궁지에 몰리자, "성경으로도 설명할 수 없는 사실이 있다"라며 주장을 번복하는 우스운 꼴을 보여주고 말았습니다. 이 장면은 라디오 생중계를 통해 전국에 전파됐습니다. 비록 존 스콥스는 100달러의 벌금형을 받았지만, 이 재판이 미국사회에 끼친 여파는 대단했습니다. 버틀러법이 신앙과 교육의 자유를 해친다는 주장이 확산되었고, 진화론에 대한 인식도 많이 달라지게 되었습니다. 그로부터 40년 후인 1967년 버틀러법은 폐기되었습니다.

사실 진화론이 제기되기 전부터 인류는 인간과 영장류가 비슷하다는 생각을 해왔습니다. 이는 여러 지역의 신화에서도 그 증거를 찾을 수 있습니다. 히말라야 산맥 북쪽에 위치한 산악지대인 티베트는 오랫동안 중국의 영토였습니다. 달라이 라마를 중심으로 자치권을 주장해왔던 티베트에는 재미있는 신화가 전해져 옵니다. 원숭이로 변한 신과 바위 정령 사이에서 여섯 마리의 원숭이가 태어났습니다. 각각 하늘과 아수라, 사람, 아귀, 축생, 지옥이 원숭이로 태어난 후 이들의 숫자가 늘자 관세음보살은 경작을 하지 않아도 먹고 살 수 있는 작물을 주었습니다. 그 작물을 먹은 원숭이는 털과 꼬리가 짧아지고 말을 할 줄 아는 인간이 되었고, 티베트는 인간의 왕국이 되었다고 합니다.

우리의 차이는 아주 사소하다

대다수 사람들은 침팬지와 인간이 공통점이 전혀 없는 다른 종이라고 생각을 합니다. 그러나 최근 연구 결과에 따르면 침팬지와 인간은 98퍼센트 이상 유사한 DNA를 가지고 있다고 합니다. 말 그대로 침팬지와 인간은 사촌지간이라 할 수 있는 것이지요.

700만 년 전 공통의 조상을 가지고 있었던 침팬지와 인간은 비숱한 생활방식을 유지하며 살았습니다. 나무에 서식하며 생존에 필요한 식량을 구했던 침팬지처럼, 인류의 조상 역시 처음에는 나무에서 살았습니다. 점차 인류의 조상은 더 많은 식량을 얻기 위해 나무에서 내려왔고, 두 발로 걷기 시작했습니다. 자유로워진 두 손으로 도구를 만들었고, 그 도구를 사용해 더 많은 식량을 얻을 수 있었습니다. 뿐만 아니라 뇌 용량도 점차 증가했습니다.

처음에 두 발로 걸었던 '오스트랄로 피테쿠스 아파렌시스'의 뇌 용량은 500cc 정도로 침팬지와 별로 차이가 없었습니다. 이후 출현한 '호모 하빌리스'의 뇌 용량은 약 600cc, '호모 에렉투스'의 경우 1200cc로 약 두 배 이상 증가했습니다. 오늘날 침팬지의 뇌 용량은 400cc로 수백만 년 전과 별로 차이가 없습니다.

약 400만 년 전에 출현했던 오스트랄로 피테쿠스는 1974년에 에티오피아의 하다르 계곡에서 그 흔적이 발견되었습니다. 미국의 인류학자 도널드 요한슨 박사는 하다르 계곡에서 원시인류의 유골 화석을 발굴했는데, 발굴 당시 흘러나오던 비틀즈의 노래 〈루시 인 더 스카이 위드 다이아몬드〉를 듣고 유골의 주인공에게 '루시'라는 이름을 붙여줬습니다. 루시는 원숭이의 모습과 유사했지만 뇌 용량이 좀 더 컸고, 두 발로 걸을 수 있었고, 주로 나무에 거주했다고 합니다. 최초의 인류는 그 생활방식과 모습이 유인원에 가까웠음을 루시의 유골이 증명하는 셈이지요.

이 같은 연구 결과를 생각하면 인간들 사이에서 나타나는 피부나 눈동자, 머리카락 색의 차이는 그야말로 사소한 차이가 아닐까요. 0.1퍼센트의 차이로 이러한 결과가 나타난다고 말하는 과학자도 있습니다. 하지만 이런 사소한 차이를 차별의 기준으로 삼는 사람들이 여전히 존재합니다. 인류의 오랜 역사에서도 피부색에 따라 인종을 구분하고, 특정 인종을 우월한 존재로 다른 인종을 열등한 존재로 간주해온 역사가 있습니다.

앞서 이야기한 〈혹성탈출〉 시리즈의 원작자 피에르 불은 소설에서 인간사회가 이기심 때문에 공멸할 수 있다는 메시지와 함께 평화와 공존의 중요성을 강조했습니다. 인간과 침팬지의 유전학적 관계는 인간과 인간, 인간과 다른 종의 공존에 대해서도 생각해보게 합니다. 루소의 〈원숭이가 있는 열대숲〉은 오랫동안 존재했던 인간과 원숭이의 친밀한 관계에 대해 환기시켜 줍니다.

루소는 원숭이를 즐겨 그렸습니다.
맨드릴개코원숭이, 고릴라, 오랑우탄, 여우원숭이, 긴꼬리원숭이 등
다양한 원숭이가 그의 그림에 등장합니다.
루소의 그림 〈원숭이가 있는 열대숲〉은
인간과 원숭이가 공통조상을 가졌다고 설명하는 다윈의 진화론과
그 오랜 논쟁의 역사를 환기시켜줍니다.

페테르 루벤스, 〈사슬에 묶인 프로메테우스〉, 17세기경

불의 발견

페테르 루벤스, 〈사슬에 묶인 프로메테우스〉

크리스마스 하면 생각나는 영화 〈나 홀로 집에 2〉를 보면 가족 여행 중에 낙오된 케빈이 홀로 뉴욕을 떠돌다가 마지막에 록펠러센터의 크리스마스 트리 앞에서 엄마와 재회를 합니다. 케빈과 엄마가 감동적인 재회를 한 록펠러센터는 석유 재벌 존 D. 록펠러 2세가 지은 건물이지요. 이 건물의 70층에 있는 '탑오브더록' 전망대는 야경이 아름답기로 유명합니다. 매년 겨울이 되면 운영하는 아이스링크, 거대한 크리스마스 트리, 아름다운 야경의 전망대 외에도 록펠러센터에는 유명한 것이 있습니다. 바로 프로메테우스 조각상입니다. 록펠러센터 지하광장에는 황금빛의 불을 들고 있는 프로메테우스의 조각상이 분수대와 함께 있습니다. 이번에는 이 프로메테우스와 불의 발견에 대해 이야기를 해볼까 합니다.

프로메테우스는 왜 형벌을 받게 되었을까

그리스 로마 신화에서 인류는 탄생과 멸족을 반복합니다. 제우스의 아버지 크로노스가 세계를 지배하던 시절의 인류는 '황금족'이었습니다. 이들은 생명이 유한했지만, 신들과 비슷한 생활을 했습니다. 풍요로운 생활 덕분에 노동을 할 필요가 없었지요. 이들이 멸망하고 태어난 것은 '은의 종족'입니다. 이들은 100년 동안 어린아이의 상태로 지내기 때문에 성인이 되면 그 생명이 매우 짧아지는 존재였습니다. 매우 오만한 종족이었기 때문에 제우스의 노여움을 사서 몰락하게 됩니다. 그 다음에 태어난 종족은 '청동족'입니다. 이들은 강인한 신체를 가지고 있었는데, 폭력적인 성향으로 전투에 몰두한 나머지 스스로 파멸하고 맙니다. 그 후 '영웅족', '철의 종족'이 이어지지요. 현재의 인류는 철의 종족에 해당한다고 볼 수 있습니다. 프로메테우스는 제우스와 함께 인류를 관리했던 '티탄족'이었습니다.

제우스는 황금족 때문에 인간과 신의 구분이 모호해졌다고 생각했습니다. 그래서 신에게만 특권을 부여하고 인간에게 재앙을 주려 했습니다. 하지만 이런 제우스의 계획에 반대했던 프로메테우스는 제우스 몰래 인간에게 여러 가지 도움을 주었습니다. 그는 인간에게 소를 잡아 고기와 내장을 먹을 수 없는 가죽과 위장 속에 넣어 숨기고, 남은 뼈는 지방으로 아름답게 꾸며서 제우스에게 바치라고 지시했습니다. 제우스는 썩어 없어지지 않는 뼈가 신의 영원한 생명을 표현하는 데 어울린다고 생각해 지방으로 꾸민 뼈를 선택했습니다. 이후 인간은 고기와 내장은 자신들이 먹고 신을 모시는 제사에 뼈와 지방을 바쳤습니다.

프로메테우스는 제우스가 감추어둔 불도 인간에게 가져다주었습니다. 불을 사용하게 된 인간은 다른 동물들보다 훨씬 강력한 존재가 되었습니다. 불로 어둠을 밝히고, 몸을 따뜻하게 하고, 인간을 위협하는 동물들로부터 자신을 보호할 수 있게 되었습니다.

하지만 인간에게 신을 속이는 법을 알려주고, 불을 가져다준 프로메테우스는 가혹한 형벌을 받을 수밖에 없었습니다. 그가 받은 형벌은 코카서스 바위산에 사슬로 묶인 채 커다란 독수리가 그의 간을 쪼아 먹는 것이었습니다. 불사의 몸이었던 프로메테우스의 간은 금세 회복되었고, 영원히 끝나지 않는 고통을 겪어야 했습니다. 고통의 사슬은 헤라클레스가 독수리를 죽이기 전까지 그를 옥죄었습니다.

플랑드르 화가 페테르 루벤스Peter Rubens, 1577~1640의 〈사슬에 묶인 프로메테우스〉는 형벌을 받는 프로메테우스의 고통을 묘사한 그림입니다. 17세기 유럽에서는 바로크 미술이 유행했습니다. 화려하고 거대한 양식이 특징인 바로크 미술을 잘 표현했던 화가 중 한 사람이 바로 루벤스였습니다. 밝은 색채와 웅장한 구도를 이용해 역사화나 종교화를 많이 그렸던 루벤스는, 독수리가 프로메테우스의 간을 쪼아먹는 장면을 대각선 구도 속에서 과감하게 표현해냈습니다. 어두운 색채로 표현한 독수리와 밝은 색채로 표현한 프로메테우스는 상반된 이미지를 보여줍니다. 그림의 왼쪽 아랫부분에는 프로메테우스가 형벌을 받게 된 원인인 불이 등장합니다.

불의 발견은 인류의 진화에서 매우 중요한 역할을 했습니다. 전 세계에 불과 관련된 신화가 존재하는 것도 이런 이유 때문일 것입니다. 러시아 신화에는 불의 신 '스바로그'가 있습니다. 유럽에서 가장 높은 산으로 알려져 있는 러시아의 엘부르스산에는 불의 신이자 태양의 신인 스바로그의 신전이 있다고 합니다. 인도 신화에서 불의 신은 '아그니'입니다. 인도 경전 『리그 베다』에는 천둥의 신 인드라 다음으로 아그니가 많이 등장합니다.

아프리카 피그미족에게는 프로메테우스처럼 신에게서 인간이 불을 훔친 신화가 전해져 옵니다. 아주 오래전에는 신만이 불을 가지고 있었다고 합니다. 신의 집에는 늘 모닥불이 타오르고 있었고, 신의 어머니는 그 불로 몸을 따뜻하게 했습니다. 어느 날 길을 잃은 피그미가 불을 발견하고, 신의 어머니가 졸고 있는 틈을 타 불을 훔쳐 도망갔습니다. 그러나 추위에 잠을 깬 어머니가 소리를 지르자 신은 피그미를 쫓아가 불을 되찾아왔습니다. 두 번째 피그미도 마찬가지였습니다. 발이 매우 빠른 세 번째 피그미는 불을 훔치는 데 성공했지만, 신의 어머니가 추위로 죽게 되자 화가 난 신은 피그미에게 죽음을 보냈습니다. 인간은 불을 얻은 대가로 죽음을 맞이하게 되었습니다.

불이 인간에게 가져온 변화

1만 4000개 이상의 섬을 가진 인도네시아에는 자바섬이 있습니다. 1891년, 이 자바섬을 흐르는 솔로강 근처에서 인간 화석이 발견되었습니다. 흔히 '자바원인'이라고 불리는 이 종은 호모 에렉투스입니다. 150만 년 전쯤 아프리카에 처음 등장한 호모 에렉투스는 유럽과 아시아로까지 진출했습니다. 자바섬 외에도 중국 베이징에서도 이 종의 화석이 발견되었습니다. 중국의 동굴에서는 호모 에렉투스의 생활을 살펴볼 수 있는 유물들이 발견되었는데, 이 중에 불에 탄 재와 동물뼈도 있었습니다. 동굴에서 발견된 재는 목탄에서 나온 것이었습니다. 목탄의 재는 호모 에렉투스가 불을 사용했음을 짐작케 했습니다.

이들은 처음에 화산 폭발이나 산불처럼 자연적으로 발생한 불을 가져와 사용했을 겁니다. 이후에 불씨를 보존하는 방법, 불을 일으키는 방법도 터득했겠지요. 이들에게 불은 생활의 일부가 되었습니다. 그리고 불의 사용은 인간의 진화에 많은 영향을 미쳤습니다. 뇌 용량의 증가와 불의 사용이 직접적인 관련성이 있다고 생각하는 학자들이 많았습니다. 그들은 인간이 불을 사용하면서 육식을 많이 하게 되었고, 이것이 뇌의 크기를 키우는 역할을 했을 것이라고 말합니다. 음식을 불에 익혀 먹는 화식은 인간과 유인원을 구분하는 중요한 특징 중 하나입니다.

인간의 뇌의 무게는 신체의 약 25퍼센트에 해당하고, 뇌에서 사용하는 에너지는 전체 활동 에너지의 약 20퍼센트 이상을 차지한다고 합니다. 침팬지나 고릴라의 뇌 활동 에너지가 전체 에너지의 약 10퍼센트에 불과한 것과 비교해 보면 인간은 두 배 이상 뇌를 사용하고 있는 셈이지요. 인간은 화식을 통해 에너지를 섭취하는 시간을 단축시켰고, 이렇게 축적된 에너지를 뇌 활동에 썼습니다. 이러한 점에서 화식과 뇌 용량의 증가가 관련이 있다는 주장은 설득력이 있습니다.

이 같은 연결고리 속에서 인류는 이전과는 전혀 다른 생활방식을 하게 되었습니다. 불을 사용하면서 인류에게 나타났던 중요한 변화는 바로 '인구 증가'였습니다. 오랫동안 인간은 주변 환경에서 생존에 필요한 식량을 얻는, 수렵채집 생활을 유지해왔습니다. 수렵채집 시대에는 식량을 안정적으로 얻을 수 없었기 때문에 인구가 갑자기 증가하면 식량이 부족한 현상이 자주 나타났습니다. 인간은 스스로 인구를 조절해야 했습니다. 대표적으로 수유를 하면서 자연적인 피임을 유도하는 방법이 있었습니다. 수렵채집 시대에 인간은 많은 자녀를 갖지 않았지만 화식을 하면서 에너지 섭취율이 증가하고 적은 식량으로도 생존이 가능해지자 인구도 점차 증가했습니다.

약 1만 년 전, 마지막 빙하기가 끝나고 지구의 환경은 급격하게 변화했습니다. 불의 사용으로 그 수가 증가한 인구는 새로운 생활방식을 찾아야 했고, 농경을 시작했습니다. 인구가 급속하게 증가한 농경 시대에는 식량을 얻기 위해 인간은 더 오래 노동을 해야 했습니다. 노동력 또한 많이 필요했습니다. 그리하여 인류는 사회를 이루고, 도시와 국가를 만들었습니다. 불의 발견은 인구 증가, 농경의 시작, 도시와 국가의 탄생에까지 영향을 미쳤다고 할 수 있습니다.

김두량, 〈삽살개〉, 1743

개는 언제부터 인간의 친구였을까

김두량, 〈삽살개〉

경기도 고양시 왕릉골에는 고려의 마지막 왕인 공양왕과 순비의 능이 있습니다. 이성계의 강압에 못 이겨 쓰러져가는 고려왕조의 마지막 왕으로 남게 된 공양왕은 정사에 어둡고 덕이 없다는 이유로 폐위당한 후 1349년에 사망했습니다. 공양왕의 죽음에는 두 가지 가설이 있습니다. 하나는 추방되어 쫓겨난 삼척에서 살해되었다는 것이고, 다른 하나는 개경에서 고양으로 도망쳤을 때 연못에 빠져 죽었다는 가설입니다. 강원도 삼척에도 공양왕의 것으로 추정되는 묘가 있는데, 『세종실록』에 등장하는 "공양왕의 초상화를 고양군에 위치한 묘 근처의 암자로 옮기라고 명령했다"는 기록을 토대로 고양시의 묘가 공양왕릉으로 인정받고 있습니다.

공양왕이 왕위에 오르기 전, 고려는 이성계에게 실권을 장악당해 이미 바람 앞의 촛불처럼 위태로운 상태였습니다. 우왕이 고려를 지배하던 시절, 요동 지역을 둘러싼 명나라와의 갈등은 최고조에 이르렀습니다. 요하강의 동쪽에 위치했던 요동은 오랫동안 사신이나 상인의 왕래가 빈번했고, 군사적으로도 중요한 지역이었기 때문입니다. 우왕은 이성계에게 명나라를 정벌할 것을 명했지만, 이성계는 작은 나라가 큰 나라를 거스르는 것은 옳지 않다는 이유로 군대를 이끌고 가다가 위화도에서 다시 돌아왔습니다. 이른바 '위화도 회군'으로 잘 알려진 사건입니다.

이후 개경으로 돌아온 이성계는 우왕을 폐위시키고 그의 아들인 창왕을 왕으로 세웠지만, 창왕 역시 얼마 지나지 않아 폐위시키고 공양왕을 왕으로 추대했습니다. 하지만 공양왕 역시 무너져가는 왕조와 함께 쓸쓸하게 죽음을 맞이할 수밖에 없었습니다. 공양왕릉을 보면 고려의 마지막 운명이 느껴지는 듯 스산한 기운이 전해집니다.

충성과 희생의
상징이 된 개들

공양왕릉에는 석수가 하나 세워져 있습니다. 석수는 돌로 만든 동물상으로 중국 후한 시대에 묘를 수호하기 위해 동물 조각상을 묘 앞이나 둘레에 세웠던 것에서 유래했습니다. 공양왕릉의 석수는 삽살개의 형상을 하고 있습니다. 이 삽살개에는 다음과 같은 이야기가 전해져 옵니다.

  왕위를 빼앗긴 공양왕은 가족과 키우던 삽살개와 함께 개경에서 도망쳐 고양시에 위치한 견달산에 도착했습니다. 공양왕 일가는 날이 어두워지자 근처의 절에 은신처를 얻었습니다. 스님이 가져다주는 식사로 끼니를 때우며 연명했던 공양왕과 순비는 어느 날 그 모습을 감추었습니다. 사람들은 마을 곳곳을 뒤지며 공양왕과 순비를 찾았습니다. 이때 공양왕이 키우던 삽살개가 연못을 향해 계속 짖었고, 사람들이 연못의 물을 퍼내니 공양왕과 순비가 죽어 있었습니다. 이런 연유로 후손들은 공양왕릉 앞에 충직한 삽살개의 형상을 한 석수를 세웠다고 합니다.

  삽살개는 우리나라 고유의 종으로서 귀신이나 액운을 쫓는 개로 알려져 있습니다. 삽살개는 긴 털을 가지고 있는데, 특히 머리 부분의 털이 길어 눈을 다 덮고 있습니다. 신라시대에는 주로 왕가나 귀족들이 키우던 귀한 개였던 삽살개는 김유신 장군이 전쟁터에 군견으로 데리고 다녔고, 왕자 출신의 지장보살 김교각이 당나라로 함께 데리고 여행을 떠났다는 기록이 있습니다. 신라가 몰락한 이후 민가로 흘러들면서 삽살개는 민중에게 친근한 개가 되었습니다. 하지만 일제강점기에 군용 모피 지원 명목으로 수십만 마리가 도살되고, 6.25전쟁 이후에는 그 수가 급격하게 감소해서 멸종 위기에 처한 적이 있습니다. 1969년부터 삽살개의 복원 및 보존 사업이 시작되었고, 1992년에는 천연기념물 제368호로 지정되었습니다.

조선 후기의 화가 김두량金斗樑, 1696~1763은 이 삽살개의 모습을 화폭에 담아냈습니다. 김두량을 매우 아껴 '남리'라는 호를 직접 지어준 영조 임금은 그림 〈삽살개〉에 다음과 같은 시를 써주었습니다. "사립문에서 밤을 지킴이/ 네 소임이거늘/ 너는 어찌하여 길에서도/ 대낮에도 짖어대느냐".

김두량은 화폭에 짖는 삽살개의 모습을 크게 그리고, 가는 붓을 사용해 털을 아주 섬세하게 묘사했습니다. 그림을 보면 마치 삽살개의 짖는 소리가 들려오는 것 같습니다. 그런데 김두량의 그림에 등장하는 삽살개는 우리가 일반적으로 알고 있는 삽살개와 그 모습이 조금 다릅니다. 털이 길지 않고 짧게 그려져 있기 때문입니다. 생물학자들은 아주 드물게 털이 짧고 얼룩무늬가 있는 삽살개가 태어난다고 말합니다. 일종의 돌연변이인 셈이지요.

인간과 개는 오래전부터 매우 친밀한 관계를 맺어 왔습니다. 그래서인지 여러 지역에서 개와 관련된 전설과 이야기가 많이 전해져 옵니다. 전라북도 임실군 오수면 오수리에는 기념비가 하나 있습니다. 이 기념비는 인간이 아닌 개를 기리고 있습니다. 여기에는 다음과 같은 이야기가 전해져 옵니다. 신라시대에 살았던 김개인이라는 사람에게는 주인을 잘 따르는 충직한 개가 있었습니다. 어느 날 김개인이 친구를 만나 술을 많이 마시고 풀밭에서 쉬다가 잠이 들었는데, 그때 들불이 나고 말았습니다. 개는 주인을 향해 마구 짖었지만 김개인은 좀처럼 잠에서 깨어나지 못했습니다. 다급해진 개는 물에 몸을 적셔 잠든 주인의 주변을 밤새 뒹굴며 번진 불을 껐습니다. 이윽고 잠에서 깬 김개인은 자신의 옆에서 죽은 개를 발견하고, 무척 슬퍼했습니다. 개의 충성심에 감동한 그는 개의 무덤을 만들고 지팡이를 꽂았는데, 여기에서 커다란 나무가 자랐다고 합니다. 후일 마을 사람들은 이 지역을 '개의 나무'라는 뜻을 지닌 오수契樹라고 불렀습니다.

개의 충성심을 보여주는 이야기는 다른 지역에서도 전해집니다. 17세기 중반 인도 북서부 지역을 지배했던 마라타제국의 창시자 시와지 마라하지는 '와기아'라는 개를 길렀습니다. 시와지가 죽은 후 장작 위에 시신을 올려 불에 태우는 힌두교식 장례를 치를 때 와기아가 불타는 장작으로 뛰어들어 함께 죽었다는 일화는 인도에서 매우 유명합니다.

공진화 관계에 들어선 개와 인간

그렇다면 개는 언제부터 인간과 친밀한 관계를 맺어 왔을까요. 개가 인간에게 길들여진 시기에 대해서는 학자들마다 의견이 분분합니다. 어떤 학자는 약 1만 5000년 전쯤 메소포타미아 지역에서 개를 처음 길들였다고 주장합니다. 미국의 역사학자 제임스 헨리 브레스테드는 페르시아만에서부터 티그리스강과 유프라테스강을 따라 시리아까지 연결되는 지역을 '비옥한 초승달 지대'이라고 불렀습니다. 이 지역에서 인류는 농경을 시작했고, 도시와 국가, 제국을 만들었습니다. 그리고 이곳에서 개가 가축화되었다고 브레스테드는 주장합니다.

반면 1만 2500년 전에 중국에서 개가 처음 길들여졌다고 주장하는 학자도 있습니다. 영국의 옥스퍼드대학 연구팀은 1만 년 이상 된 개의 화석과 5000년 된 개의 뼈에서 DNA를 추출해 유전자 배열 순서를 밝혔습니다. 이 화석들에서는 유럽과 아시아의 개가 가지는 특징이 발견되었습니다. 이는 유럽과 아시아에서 독자적으로 개가 진화했다는 사실을 뒷받침합니다.

최근에는 또 흥미로운 연구 결과가 발표되었습니다. 미국 스토니브룩대학 연구팀은 개의 가축화가 지금까지 밝혀진 것보다 훨씬 오래되었다고 발표했습니다. 개의 DNA를 분석한 결과, 약 4만 년 전에 살았던 늑대로부터 분화되었다는 것입니다.

지구의 마지막 빙하기에 인류는 수렵채집 생활을 했습니다. 늑대 역시 사냥을 통해 생존에 필요한 에너지를 얻었습니다. 이 시기에 인간과 늑대는 먹잇감을 두고 경쟁할 수밖에 없는 관계였습니다. 하지만 사냥에 유리한 날카로운 도구를 제작할 줄 아는 인간은 늑대보다 훨씬 뛰어난 사냥꾼이었습니다. 늑대는 인간이 먹고 남긴 음식물 찌꺼기에 눈길을 주었지만, 인간이 자신들을 해칠 수 있다는 불안감과 스트레스 때문에 섣불리 접근하지 못했습니다. 한데 일부 늑대들은 유전자 변이로 인해 스트레스 호르몬 농도가 다소 낮게 나타났습니다. 이런 늑대들은 인간 주변으로 몰려들었고, 인간이 남긴 음식물 찌꺼기를 섭취하며 연명했습니다. 인간은 공격적이지 않은 순한 늑대를 길들이기 시작했고, 이때부터 인간과 늑대는 더 이상 경쟁자가 아닌 공존하는 관계가 되었습니다. 그렇다면 야생의 늑대가 어떻게 온순한 개로 진화했을까요?

1970년 러시아 유전학자 드미트리 벨랴예프는 '수동적 순종성 이론'을 내세웠습니다. 야생 동물과 달리 어떤 동물에게는 '인간을 두려워하지 않는 기질'이 있다는 이론입니다. 그는 이를 입증하기 위해 시베리아의 목장에서 은여우 실험을 시도했습니다. 인간이 가까이 다가가면 겁을 내거나 공격하는 은여우는 제외하고 온순함을 보이는 은여우들만 교배해 번식을 시켰습니다. 10년이 지나자 전체 여우의 20퍼센트가 인간에게 길들여졌고, 40년이 지나자 4분의 3에 해당하는 은여우들이 마치 개처럼 꼬리를 흔들고, 귀가 늘어졌으며, 꼬리가 위로 말린 모습을 하고 있었습니다. 벨랴예프는 이 같은 진화가 호르몬 분비와 관련된 유전자의 변화 때문이라고 주장했습니다. 호르몬 분비 패턴이 달라지면 성격이나 행동 패턴이 달라지는데, 인간에 대해 스트레스를 덜 받는 늑대들이 개로 진화한 것도 그러한 결과라고 설명했습니다.

어떤 과학자는 인간에게 나타나는 증후군이 개에서도 나타난다고 말했습니다. 1961년 뉴질랜드 심장전문의 윌리엄스가 발견한 증후군으로서, 7번 염색체에 경단백질인 엘라스틴을 만드는 유전자가 하나 없기 때문에 발생하는 현상입니다. '윌리엄스 증후군'이라 불리는 이 증후군의 특징은 지나치게 친절하고, 낯선 사람들을 만나도 경계하지 않는다는 것입니다. 개가 인간에게 친밀감을 느끼고 순종하는 것도 이 윌리엄스 증후군을 유발하는 유전자 때문이라고 이들은 말합니다.

이처럼 늑대가 개로 진화한 시기나 과정에 대해서는 많은 논란이 있지만, 분명한 것은 인간과 개는 다른 동물이나 가축보다 훨씬 상호의존적이라는 것입니다. 이제 인간과 개는 공생 관계를 넘어 공진화의 관계에 들어섰다고 말하는 학자도 있습니다.

공진화의 개념은 루이스 캐럴의 동화 『거울 나라의 앨리스』(『이상한 나라의 앨리스』의 속편)에 잘 나타나 있습니다. 회중시계를 보는 토끼를 쫓아간 앨리스가 담배 피우는 애벌레, 체셔 고양이와 같은 신기한 동물을 만나는 모험과 상상의 세계를 그려낸 전작에 이어 속편에서는 레드 퀸이 등장합니다. 앨리스는 레드 퀸의 손을 잡고 숲 속을 뛰었지만 한 발짝도 앞으로 나가는 느낌을 받지 못했습니다. 이상하게 생각한 앨리스에게 레드 퀸은 다음과 같이 말합니다.

"모든 것은 뒤로 움직인다. 제자리에 머물기 위해서는 쉬지 않고 앞으로 뛰어야 한다. 그리고 앞으로 가고 싶으면 지금보다 2배 이상 빨리 달려야 한다."

소설 속 여왕이 내세운 가설은 생물학의 '공진화 이론'으로 체계화됐습니다. 한 생물 집단이 진화하면 이와 관련된 다른 생물 집단 역시 진화한다는 이론이지요. 그리고 인간과 개는 상호관련성을 토대로 하는 공진화를 가장 잘 보여주는 관계라고 할 수 있습니다.

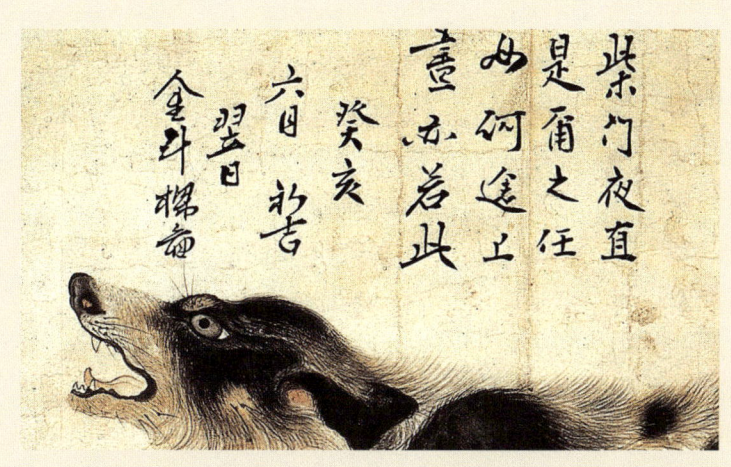

사립문에서 밤을 지킴이
네 소임이거늘
너는 어찌하여 길에서도
대낮에도 짖어 대느냐
- 영조임금, 〈삽살개〉

김두량은 화폭에 짖는 삽살개의 모습을 크게 그리고, 가는 붓을 사용해 털을 아주 섬세하게 묘사했습니다. 그림을 보면 마치 삽살개의 짖는 소리가 들려오는 것 같습니다.

2장

인류의 빛과 그림자

농경과 기술발전을 통해 인류의 삶은 급격한 변화를 맞이합니다. 전쟁과 교역으로 여러 지역이 연결되었고, 이 같은 네트워크는 많은 물자와 동식물, 심지어 전염병도 이동시켰습니다. 물질적으로 풍요로워졌지만 고통과 시련도 뒤따랐습니다. 그림 속에 묘사된 인류사의 빛과 그늘을 살펴봅시다.

디에고 리베라, 〈옥수수 축제〉, 1923-24

옥수수로 만들어진 최초의 인간

디에고 리베라, 〈옥수수 축제〉

프리다 칼로는 열여덟 살에 끔찍한 교통사고를 당한 뒤 인생의 전환점을 맞이했습니다. 9개월 동안 전신에 깁스를 한 채 누워 있기만 했던 그녀에게 의사들은 다시는 걸을 수 없을 것이라고 말했습니다. 오직 두 손만이 자유로웠던 그녀는 그림을 그리며 화가의 길을 걷기로 결심했습니다. 절망 속에서 예술의 혼을 꽃피웠던 칼로의 평생 소원은 "디에고와 함께 사는 것, 그림을 계속 그리는 것, 그리고 혁명가가 되는 것"이었습니다.

디에고 리베라^{Diego Rivera, 1886~1957}, 프리다 칼로의 남편이자 벽화로 유명한 멕시코 화가입니다. 멕시코 공산당을 지지했던 그에게는 유명한 일화가 있습니다. 1933년 록펠러센터의 요청으로 벽화를 그리게 된 디에고는 노동자들의 메이데이 행진을 그렸는데, 레

넌의 얼굴을 지워 달라는 록펠러 측의 요청을 거절해 벽화는 파괴되었다고 합니다. 신념을 굽히지 않는 그의 대쪽 같은 성품을 보여주는 일화이지요. 마르크스주의자이자 노동과 혁명에 관심이 많았던 그는 자신의 조국 멕시코를 사랑했고, 멕시코의 풍경을 그림에 담아내는 것을 좋아했습니다.

디에고와 멕시코

북아메리카 남서쪽에 위치한 멕시코는 오랫동안 여러 문화가 발달했습니다. 가장 대표적으로 마야제국을 들 수 있습니다. 마야제국은 마야족과 과테말라의 고산 지역에 살고 있던 키체족을 중심으로 발전했던 구 마야제국과 유카탄 반도에서 등장했던 신 마야제국으로 구분할 수 있습니다. 마야제국에는 세상과 인류의 탄생과 관련된 흥미로운 신화가 전해져 옵니다.

최초의 세상에는 하늘과 바다만 존재했습니다. 태풍의 신인 '우라칸'은 초록과 파랑 깃털을 가진 뱀 '케찰코아틀'과 함께 땅과 산을 만들고, 새와 사슴 같은 동물도 만들었습니다. 하지만 동물들은 말을 할 줄 몰랐고 신을 제대로 섬길 줄 몰랐기 때문에 세상의 지배자가 되지 못했습니다. 우라칸은 처음에 진흙으로 인간을 만들었는데, 비가 오자 형체가 사라져 버리고 말았습니다. 두 번째로 만든 인간은 나무를 사용했습니다. 나무 인간은 표정이 없었고, 신을 섬기거나 존경하지 않았습니다. 분노한 신은 대홍수를 일으켜 나무 인간을 절멸시켰습니다. 우라칸은 마지막으로 노란 옥수수와 흰 옥수수를 갈아 네 명의 인간을 만들었습니다. 지식과 지혜를 가진 옥수수 인간들은 신을 섬길 줄 알았습니다. 하지만 지혜를 가진 이들이 신처럼 전지전능한 존재가 될 것을 두려워했던 우라칸은 이들의 힘을 빼앗고, 네 명의 여성을 만들어 부인으로 삼게 했습니다. 이것이 바로 키체족의 기원입니다. 키체족에게는 『포폴 부』라는 마야제국의 신화와 전설, 역사를 기록한 서적이 있는데 여기에 옥수수로 만든 인간에 관한 기록이 등장합니다.

디에고는 이러한 신화와 역사야말로 가장 멕시코적인 것이라 여겼습니다. 그에게 멕시코의 신화, 멕시코의 풍경, 멕시코인들의 일상은 중요한 그림 소재였습니다. 멕시코인들의 주식인 옥수수도 그림에 자주 등장했습니다. 〈옥수수 축제〉는 옥수수로 만들어진 최초의 인간을 기념하는 축제를 묘사한 그림입니다. 농경에 종사하는 멕시코 민중의 일상을 잘 보여줄 뿐만 아니라, 마야제국의 신화를 비롯한 멕시코의 역사와 문화에 아메리카 원주민의 문화를 통합하려는 시도가 엿보이는 작품입니다.

1910년 멕시코혁명이 발생했습니다. 이는 20세기에 일어난 최초의 혁명이었습니다. 16세기 초 마야제국이 몰락한 이후 오랫동안 스페인의 지배를 받았던 멕시코는 1821년에 스페인으로부터 독립을 했지만, 멕시코 내부의 자유주의와 보수주의의 갈등이 끊이지 않았습니다. 사회가 혼란한 틈을 타 1876년에 군인 포르피리오 디아스가 쿠데타를 일으켜 정권을 탈취했습니다. 그리고 34년 간 디아스의 독재는 계속됐습니다. 1910년 말 디아스의 독재에 맞서 프랜시스 마데로가 주도한 혁명이 바로 멕시코혁명입니다. 하지만 마데로의 혁명도 오래가진 못했습니다. 그는 농민 세력을 앞세워 혁명을 일으켰지만, 토지 분배 문제 등 사회 개혁을 제대로 이루지 못해서 다시 거센 항쟁에 직면해야 했습니다. 이러한 과정에서 아메리카 원주민의 문화와 역사, 생활방식을 보존하고 부흥시키고자 하는 움직임이 등장했습니다. 바로 '인디오 전통 부흥운동'입니다.

디에고는 인디오 전통 부흥운동에 많은 관심을 가졌습니다. 그는 왜곡당하고 무시돼왔던 원주민의 문화를 알리고 멕시코 문화에 통합시키기 위한 운동의 일환으로 벽화를 그려 나갔습니다. 오랫동안 스페인의 지배를 받았던 멕시코에는 유럽 양식을 따른 건축물이 많았는데, 이러한 건물들의 벽에 디에고는 그림을 그렸습니다. 디에고에게 벽은 화가의 창의력을 표현할 수 있는 캔버스의 확장이었습니다. 그는 벽화를 통해 멕시코인들이 함께 공유할 수 있는 이야기를 전달하고, 멕시코 문화를 새로운 방식으로 규정하고자 했습니다. 〈옥수수 축제〉는 그러한 지향을 잘 보여주는 작품이었습니다.

옥수수의 과거와 현재, 그리고 미래

멕시코인의 주식이자 디에고의 중요한 그림 소재였던 옥수수는 언제 재배되기 시작했을까요? 학계에서는 야생에서 자라던 테오신트를 옥수수의 조상이라고 보았습니다. 테오신트는 멕시코에서 자라던 야생풀로서 옥수수보다 낟알도 훨씬 작고, 길이도 10센티미터 내외로 우리가 알고 있는 옥수수의 모습과는 매우 다르게 생겼습니다. 야생에서 자라던 테오신트가 작물로 재배되기 시작한 것은 약 9000년 전으로 추정됩니다. 껍질 밖으로 낟알이 드러난 돌연변이를 발견한 인간은 테오신트를 재배했습니다. 우수한 테오신트 종자를 골라 보존하고 씨를 뿌렸습니다. 이 같은 과정이 반복되면서 테오신트는 점차 그 모습이 달라졌습니다. 옥수수의 작물화는 인간의 인위적인 선택에 따른 결과였습니다.

2016년에 덴마크 자연사박물관 연구팀이 멕시코의 테후아칸 유적에서 약 5000년 된 옥수수 낟알을 발견했습니다. 옥수수를 가장 먼저 재배한 지역으로 알려진 테우아칸에서 발견된 이 낟알은 테오신트보다 옥수수에 더 가까운 모습을 하고 있어서 옥수수 진화의 비밀을 풀 것으로 기대되고 있습니다.

멕시코 음식으로 유명한 토르티야도 옥수수로 만든 것입니다. 소석회를 푼 물에 옥수수를 담구어 불린 다음에 갈아 만든 반죽이 토르티야입니다. 멕시코처럼 옥수수를 주식으로 삼는 지역에서는 니아신 부족으로 펠라그라 질병이 발생하기 쉽습니다. 토르티야는 펠라그라병을 예방하기 위해 알칼리 성분이 들어 있는 물에 옥수수를 풀어서 수용성 비타민인 니아신이 잘 분해될 수 있도록 만든 것입니다. 이렇게 만든 토르티야는 여러 요리에 활용할 수 있습니다. 예컨대 토르티야를 반으로 접어 고기와 야채를 넣으면 타코가 만들어지고, 튀긴 토르티야에 녹인 치즈를 올리면 나초가 되고, 치즈나 야채를 넣고 구우면 퀘사디야가 됩니다.

옥수수는 밀, 쌀과 더불어 세계 3대 식량으로 꼽힙니다. 2017년 세계 인구는 75억에 달하는데, 옥수수의 생산량은 10억 톤 이상이라고 합니다. 최근 옥수수는 국제사회에서 논란의 대상이 되었습니다. GMO, 유전자 변형 농산물 때문입니다. GMO는 생산량을 늘리거나, 유통과 가공의 편의를 위해 유전공학 기술을 이용해 새로운 형질이나 유전자를 가지도록 개발된 농산물입니다. 이 유전자 변형 농산물에 대해 오늘날까지도 찬반 의견이 팽팽하게 맞서고 있습니다.

GMO를 찬성하는 측은 기술의 발전 덕분에 인류가 더욱 건강하고 오래 살 수 있을 것이라는 입장입니다. 인류가 오래 살기 위해서는 식량 생산량의 증가가 필수적인데, 유전자 변형 농산물이 그 해결책이 될 수 있다고 주장합니다. 과학기술의 발전으로 품질이 우수한 작물을 더 많이 재배할 수 있을 것이라고도 말합니다. 현재 전 세계적으로 유전자 변형 농산물을 인정하는 나라는 약 70개국 정도인데, 놀랍게도 대한민국의 GMO 수입량은 전 세계에서 두 번째로 많다고 합니다.

GMO에 반대하는 측은 유전자 변형 농산물로 인해 생태계가 파괴될 것이라고 경고합니다. 물론 과거에도 인간은 우수한 농산물 종자를 골라 재배하면서 식량 생산량을 증가시켰습니다. 테오신트가 옥수수로 진화한 것도 그 사례 중 하나이지요. 반대 측은 유전자 변형 농산물이 화학제초제에 내성을 가지게 되면서 더 많은 제초제를 사용하게 되고 이는 환경에도 악영향을 끼칠 것이라고 우려합니다. 뿐만 아니라 일부 다국적 기업이 유전자 변형 농산물의 종자와 제초제, 그리고 비료까지 독점함으로써 경제적 불평등을 초래할 수 있다고 말합니다. 이미 세계 최대 규모의 종자 회사인 몬산토는 농민들을 대상으로 고액의 유전자 변형 농산물 씨앗을 판매해 갈등을 야기했습니다. 옥수수로 촉발된 GMO 논란은 여전히 뜨겁습니다.

옥수수는 바이오연료의 새로운 대안으로도 세계의 관심을 받고 있습니다. 바이오연료는 식물이나 동물, 미생물 또는 음식물 쓰레기 등을 분해하거나 발효시켜 만든 연료를 의미합니다. 석탄, 석유와 같은 화석 연료와 비교했을 때 이산화탄소가 적게 배출되는 바이오연료는 새로운 재생에너지로 부상하고 있습니다. 녹말 성분이 많은 작물로부터 포도당을 얻은 뒤 이를 발효시켜 얻는 에너지를 '바이오에탄올'이라고 부릅니다. 주로 옥수수나 사탕수수와 같은 작물이 활용되곤 합니다. 바이오에탄올은 오래전 자동차 연료로 사용되었지만, 얼마 지나지 않아 석유로 대체되었습니다. 1973

년에 발생한 석유파동으로 인해 석유 가격이 급등했던 브라질에서는 바이오에탄올을 다시 사용하기 시작했습니다. 그리고 오늘날 브라질에서는 자동차의 70퍼센트 이상이 바이오에탄올을 연료 첨가제로 사용하고 있다고 합니다. 최근 미국 알래스카항공은 옥수수에서 추출한 바이오에탄올을 활용해 샌프란시스코와 워싱턴 D.C.까지의 운항에 성공했습니다.

옥수수는 더 많은 인구를 부양하기 위한 식량일 뿐만 아니라 인간이 다른 종들과 함께 공존하는 환경을 유지할 수 있는 21세기의 새로운 에너지원입니다. 인간의 과거와 현재, 그리고 미래를 연결하는 중요한 작물인 것이지요. 어쩌면 마야제국의 신화처럼 인간은 옥수수로 만들어진 것이 아닐까요?

디에고 리베라의 〈옥수수 축제〉는
옥수수로 만들어진 최초의 인간을 기념하는
축제를 묘사한 그림입니다.
농경에 종사하는 멕시코 민중들의 일상을 잘 보여줄 뿐만 아니라,
멕시코의 역사와 문화에 아메리카 원주민의 문화를
통합하려는 시도가 엿보입니다.

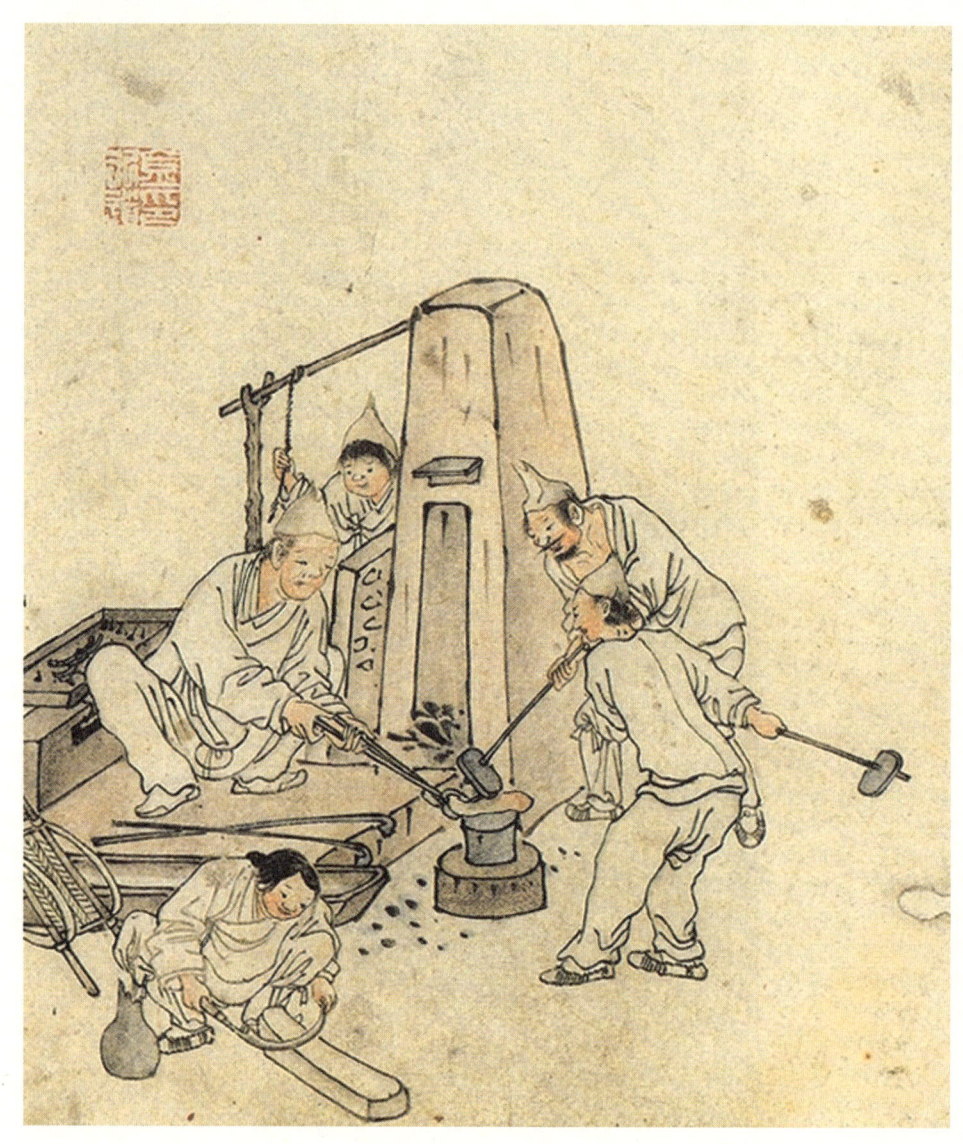

김홍도, 〈대장간〉, 18세기경

인간의 역사를 바꾼 쇠붙이들

김홍도, 〈대장간〉

그리스 로마 신화에 나오는 사랑의 신 큐피드는 수려한 외모에 장난을 좋아하는 미소년이었습니다. 그는 금화살과 납화살을 가지고 있었는데 예리하고 아름다운 금화살은 처음 본 상대와 사랑에 빠지게 하고, 뭉툭한 납화살은 상대를 미워하고 증오하게 했습니다. 어느 날 태양의 신 아폴로가 그의 화살을 보고 장난감 같다며 놀리자, 화가 난 큐피드는 금화살을 아폴로에게 쏘고, 아름다운 소녀 다프네에게 납화살을 쏘았습니다. 아폴로는 그녀와 사랑에 빠졌지만, 다프네는 아폴로를 증오하게 되었지요. 아폴로를 피해 도망 다니던 다프네는 아버지인 강의 신에게 부탁해 월계수로 모습을 바꾸었습니다. 이를 본 아폴로는 월계수를 자신의 나무로 삼고, 위대한 학자나 영웅에게 월계수의 잎을 엮어 만든 관을 씌워 주었다고 합니다. 지금도 월계관은 명예, 영광을 상징하고 있지요. 큐피드가 자신의 어머니이자 미의 여신인 아프로디테보다 더 아름답다고 칭송받았던 프쉬케를 골탕 먹이려다 자신이 사랑에 빠진 이야기도 유명한 일화입니다.

큐피드는 불의 신 헤파이토스와 미의 여신 아프로디테 사이에서 태어났습니다. 큐피드의 아버지 헤파이토스는 제우스의 바람기를 견디지 못한 헤라가 혼자 낳은 신입니다. 절름발이에 매우 못생겼던 그는 헤라에게 버림받고 바다의 신 네레우스의 딸들 밑에서 크게 됩니다. 비록 외모는 추했지만 뛰어난 대장장이 기술을 가지고 있었던 그는 대장간에서 신들의 무기와 갑옷, 전차 등을 만들어 냈습니다. 태양의 신 아폴로에게는 날개 달린 전차를, 사냥의 여신 아르테미스에게는 활을, 불사신 아킬레스에게는 갑옷과 투구를 만들어 주었지요. 아이네아스가 트로이 전쟁을 승리로 이끌 수 있었던 것도 헤파이토스가 선물한 칼 덕분이었습니다.

대장장이의
전설들

대장간은 쇠를 달구어 여러 가지 연장을 만드는 공간입니다. 그리스 로마 신화뿐만 아니라 인류 역사에서도 매우 중요한 역할을 담당했던 곳이지요. 약 1만 년 전부터 농경생활을 시작한 인류는 더 많은 식량을 얻기 위해 여러 가지 도구를 만들고, 기술을 발전시켰습니다.

초기에 인류는 돌이나 동물의 뼈를 이용해 도구를 만들었습니다. 중국 화북 지역에서 발견된 반달돌칼은 낟알을 얻기 위해 사용했던 도구였습니다. 시간이 흐르면서 인류는 더 많은 식량을 얻기 위해 돌보다 단단한 물질을 사용해 새로운 도구를 만들었습니다. 이 재료는 바로 철입니다. 광주광역시 광산구 신창동에서는 철기시대 말의 유물들이 발견되었는데, 여기에는 나무괭이도 포함되어 있었습니다. 납작한 참나무로 만든 괭이의 끝에 쇠로 만든 날을 끼워 사용했던 것으로 추정됩니다.

18세기 조선시대에 활동했던 김홍도金弘道, 1745~1806?는 어린 나이에 도화서 화원이 되어 정조의 전폭적인 지지와 후원을 받았습니다. 주로 서민의 모습을 많이 그렸던 김홍도는 씨름이나 윷놀이, 빨래 등을 즐겨 그렸습니다. 농민들이나 수공업자의 모습도 많이 그렸습니다. 베나 무명 등의 직물을 짜는 모습을 화폭에 담아낸 〈길쌈〉이나 수확기에 곡물을 타작하는 모습을 그린 〈타작〉 등이 대표적인 작품입니다.

김홍도가 관심을 가졌던 또 다른 소재는 바로 대장간이었습니다. 김홍도의 그림을 모은 『단원풍속도첩』에는 서민들의 노동이나 놀이부터 사대부의 취미생활까지 다양한 소재의 그림이 수록되어 있습니다. 〈대장간〉은 이 화첩의 25점 그림 가운데 하나입니다. 그림의 배경을 자세하게 묘사하지 않고, 그림의 소재가 되는 대상에 초점을 맞추고 있는 작품이지요. 먹색과 옅은 갈색 외에는 별다른 색상도 사용하지 않았습니다. 그림에는 쇠를 달구는 대장장이와 숫돌에 칼을 갈고 있는 아이가 함께 나옵니다. 활발하고 역동적인 느낌을 줄 뿐만 아니라 왠지 모르게 미소를 짓게 하는 그림입니다.

우리 역사에는 대장장이와 관련된 일화가 많습니다. 대표적인 것으로 '석탈해 신화'를 꼽을 수 있습니다. 신라 4대 왕인 석탈해는 일본의 북동쪽에서 1000리 정도 떨어진 곳에 위치한 다파나국에서 태어났습니다. 다파나국의 왕비가 아이 대신 알을 낳자 분노한 왕은 알을 궤짝에 넣고 바다에 버렸습니다. 궤짝은 바다를 건너 경상북도의 아진포로 넘어왔고, 한 노파가 이를 발견해 궤짝 속 아이를 꺼내주었습니다. 노파는 아이에게 '탈해'라는 이름을 붙여줬고, 7일 후 스스로 걷고 말을 할 줄 알게 된 아이는 자신이 살 집터를 찾다가 호공(귀화한 오랑캐인)의 집을 발견했습니다. 호공의 집터가 탐이 났던 탈해는 몰래 그곳에 숫돌과 숯을 묻어두었고, 며칠 후 호공을 다시 찾아가 "이곳은 우리 조상이 살았던 곳"이라고 우겼습니다. 그리고 관가에 이를 고발해 "나는 본래 대장장이로, 잠시 집을 비운 사이 다른 자가 차지한 것이니, 그 땅을 파 보면 알 것이다"라고 말하며, 증거로 땅에 묻어둔 숯과 숫돌을 내놓았습니다. 당시 신라의 왕이었던 남해왕은 석탈해의 슬기로움에 감탄해 맏사위로 삼았다고 합니다. '석탈해'라는 이름은 타밀어로 '대장장이 우두머리'를 뜻합니다.

조선시대 중기 문신이었던 이항복과 관련된 일화에도 대장장이가 등장합니다. 어릴 적 집 앞의 대장간에 자주 놀러 갔던 이항복은 집으로 돌아갈 때 말굽이나 쇠굽 등을 가져왔습니다. 이를 괘씸하게 여긴 대장장이는 금방 불에서 꺼낸 쇳덩어리를 놓아 두었고, 이항복은 뜨거운 쇳덩어리를 가져 가려다 깜짝 놀라 도망을 갔습니다. 그러던 어느 날 대장장이의 부인이 전재산을 들고 야반도주를 해버리는 일이 생겼습니다. 빈털터리가 된 대장장이에게 항복은 자신이 가져간 쇠붙이들을 돌려주었고, 대장장이는 이것을 가지고 다시 재기를 할 수 있었다고 합니다.

철의 연마와 함께 발달했던 제국의 역사

대장장이 기술에서 특히 중요한 기술은 철 제련술입니다. 철은 탄소 함량에 따라 연철, 주철, 선철, 강철 등으로 구분합니다. 탄소가 0.2퍼센트 내외로 포함된 철을 연철이라고 하는데, 기원전 2000년경부터 사용되었습니다. 하지만 구리와 주석의 합금인 청동보다 단단하지 않았기 때문에 도끼나 끌과 같은 간단한 도구로만 활용되었습니다.

터키의 내륙 지역에는 아나톨리아고원이 있습니다. 기원전 18세기경 이 지역을 지배했던 것은 히타이트제국이었습니다. 히타이트가 제국으로 발전할 수 있었던 중요한 원동력은 바로 철제 무기였습니다. 이들은 목탄을 이용해 연철을 가열하고, 망치로 두드려 단단한 강철을 만들었습니다. 그리고 강철로 만든 칼, 창, 화살, 방패,

갑옷 등의 무기를 가지고 주변 지역들을 정복해 제국으로 발전할 수 있었습니다.

중국에서도 철 제련술이 발달했습니다. 기원전 221년 진나라의 시황제가 중국을 통일하기 전까지 여러 지역으로 분열되어 있던 시기를 '춘추전국시대'라고 부릅니다. 이 중 오나라와 월나라에서는 철 제련술이 발달했는데, 연철을 두드려 강철로 만드는 히타이트와는 다른 방식이었습니다. 우선 용광로에 여러 개의 주머니를 매달고, 주머니에 바람을 불어 넣습니다. 이런 과정을 통해 용광로의 온도는 약 1300도까지 올라가게 되고, 이처럼 높은 온도에서 녹은 액체 상태의 철을 냉각시킨 후 제련을 합니다. 중국의 철 제련술은 주로 농기구를 제작하는 데 활용되었습니다. 철제 농기구를 활용함에 따라 농경지의 면적은 넓어졌고, 식량 생산도 증가했습니다. 결과적으로 중국은 아프로-유라시아의 다른 지역들과 비교했을 때 훨씬 많은 인구를 부양할 수 있었습니다.

충청북도 충주시에는 고구려석비가 존재합니다. 흔히 중원 고구려비라고 부르는 이 석비는 국내에 유일하게 남아 있는 고구려석비입니다. 고구려가 남한강 유역을 지배했던 5세기경에 세워진 것으로 추정되는 이 석비는 고구려와 신라의 문화적 교류를 증명하고 있습니다. 새로운 철 제련술 덕분에 중국은 다양한 농기구와 전쟁 무기를 개발했고, 이러한 기술은 고구려에도 전파되었습니다. 그리고 이 철 제련술은 신라에도 확산되었습니다.

6세기까지 낙동강 하류 지역에 존재했던 연맹왕국 가야는 철의 왕국이었습니다. 경상북도 고령군 대가야읍에 위치한 지산동 고분에서는 철제 무기와 농기구들이 출토되었습니다. 뿐만 아니라 울산광역시 북구에 위치한 달천철장은 신라시대의 대표적인 철광석 산지였습니다. 가야나 신라에서 철제 농기구와 무기를 만들 수 있었던 것은 고구려를 통해 전파된 철 제련술 때문이었습니다. 이러한 점에서 철 제련술은 삼국시대 여러 국가들의 발전에 영향을 미쳤던 매우 중요한 기술이라 할 수 있습니다.

피에르 오귀스트 르누아르, 〈설탕그릇과 막사발〉, 1904

설탕에 담긴 쓸쓸한 진실

오귀스트 르누아르, 〈설탕그릇과 막사발〉

프랑스 인상파 화가 피에르 오귀스트 르누아르^{Pierre-Auguste Renoir, 1841~1919}는 밝은 색채를 사용해 소녀들을 그리는 것을 좋아했습니다. 그의 작품은 대체로 밝고 즐거운 분위기를 전달하고 있지요. 인상파 화가였지만, 고전주의를 새로운 방식으로 재현하려 했던 르누아르는 정물화에도 많은 관심을 가졌습니다. 주로 꽃과 과일을 대상으로 했던 그의 정물화는 안정감이 느껴지는 구조, 윤곽선을 통해 비교적 명확한 형태를 보여주고 있습니다. 〈설탕그릇과 막사발〉도 그런 특징을 보여주는 작품입니다. 꽃과 과일 외에도 르누아르가 즐겨 그렸던 소재가 바로 설탕그릇이었습니다. 이 설탕그릇에 담겼던 설탕은 유럽에서 오래전부터 사치품이자 부의 원천이었습니다.

새로운 달콤함을 발견하다

설탕은 음식사에서 매우 중요한 위치를 차지하고 있습니다. 중세시대 유럽에서 설탕은 왕이나 귀족들만 가질 수 있는 사치품이었습니다. 18세기까지 설탕은 단맛을 내는 향신료로 쓰이기보다는 의약품으로 많이 활용되었습니다. 당시 유럽인들은 감기에 설탕을 태우는 연기를 맡거나, 기력이 없을 때 설탕을 먹곤 했습니다. 14세기 유럽에서 발생했던 흑사병에 의사들이 설탕을 처방한 일도 있었습니다.

설탕의 원료는 사탕수수입니다. 벼과에 속하는 여러해살이풀인 사탕수수는 인도가 원산지로 알려져 있지만, 어떤 학자는 뉴기니에서 처음 재배되었다고 주장합니다. 오스트레일리아 북쪽에 위치한 뉴기니섬에서는 토란이나 카사바, 사탕수수 등의 작물이 재배되었는데 기원전 8000년경에 이곳에서 재배된 사탕수수가 인도로 전파되었다는 것입니다.

오세아니아 동쪽에는 '폴리네시아'라고 불리는 수천 개의 섬들이 있습니다. 이 지역에는 사탕수수와 관련된 재미있는 전설이 전해져 내려옵니다. 태초에 세상이 만들어졌을 때에는 두 명의 어부밖에 없었다고 합니다. 어느 날 이들이 고기를 잡다가 긴 막대기가 그물에 걸려 올라왔습니다. 이것이 쓸모가 없다고 생각했던 어부들은 바다에 막대기를 던졌는데 며칠 후 막대기는 다시 걸려 올라왔습니다. 이를 심상치 않게 여긴 어부들이 막대기를 땅에 심자 꽃이 피어나더니 그 속에서 한 여인이 나타났습니다. 그녀는 어부들을 위해 요리했고, 밤이 되면 다시 꽃봉오리 속으로 들어갔습니다. 꽃이 된 막대기는 사탕수수였고, 여인이 어부에게 해준 요리는 설탕이었다고 합니다.

설탕이 만들어지기 이전부터 인류는 단맛을 추구해왔습니다. 스페인의 발렌시아에 있는 아라냐 동굴에는 여성이 벌집에 손을 넣어 벌꿀을 얻는 모습을 그린 벽화가 있습니다. 이 벽화는 기원전 8000년경에 그려진 것으로 추정됩니다. 기원전 2400년경의 이집트 상형문자에도 벌꿀을 얻는 모습이 기록되어 있습니다. 이처럼 오랫동안 단맛을 추구한 인류는, 사탕수수를 재배하면서 새로운 단맛을 발견하게 됩니다.

가장 먼저 설탕을 만들어낸 곳은 인도입니다. 기원전 4세기경 인도에서는 사탕수수를 끓인 다음에 줄여서 설탕을 추출해내는 데 성공했습니다. 기원전 326년, 마케도니아제국의 알렉산더 대왕은 인도를 정벌하러 나섰습니다. 당시 원정대를 이끌었던 네아르쿠스 장군은 벌 없이 꿀을 만드는 인도인들에게 놀라워했고, 그들이 만든 꿀을 '돌꿀'이라고 불렀습니다. 돌이라는 표현에서 볼 때 당시에 결정 상태의 설탕을 제조했던 것으로 추정할 수 있습니다.

인도의 설탕은 실크로드를 따라 중국에 전해졌습니다. 중국과 서역, 유럽을 연결했던 실크로드는 한나라의 사신 장건이 개척한 길입니다. 기원전 2세기, 중국을 지배하고 있던 한나라에게 중국의 북방 지대를 위협하고 있던 흉노는 골칫거리였습니다. 기원전 141년 한무제는 흉노를 제압하기 위해 월지를 비롯한 서역의 여러 국가들과 동맹을 맺고자 했습니다. 이에 장건이 특사로 파견되었는데, 장건은 월지로 가는 길을 정확히 몰랐던 데다가 서역으로 가는 도중 흉노에게 붙잡혀 10년을 포로로 갇히게 되었습니다. 가까스로 탈출한 장건은 월지에 도착해 왕을 만났지만, 이미 비옥한 영토를 정벌해 막대한 부를 누리고 있었던 월지 왕은 한나라와의 동맹에 관심이 없었습니다. 별다른 성과 없이 한나라로 돌아가는 길에 장건은 월지와 대원, 대하 등의 지역에서 다양한 상품이 교역되는 모습을 목격합니다. 이 사실을 보고받은 한무제는 교역로를 확대해 서역까지 연결하는 교통로를 건설했습니다. '비단길'이라 불리는 이 교통로를 따라 인도의 설탕이 중국으로 전파된 것입니다.

630년에 이슬람교의 창시자 마호메트 무함마드는 이슬람교를 널리 전파시키기 위한 전쟁을 벌였습니다. 무함마드는 정복지 페르시아에서 재배하고 있던 사탕수수에 매료되어 이후 정복지마다 이 '페르시아 갈대'를 옮겨 심었습니다. 그리하여 사탕수수는 이집트를 비롯한 아프리카 일부 지역, 지중해를 건너 스페인까지 확산되었습니다.

유럽에 설탕이 전파된 것은 11세기 말~13세기 사이에 일어난 십자군전쟁 때문이었습니다. 서유럽의 그리스도교들이 이슬람교의 지배를 받고 있던 예루살렘을 탈환하기 위해 벌였던 십자군전쟁은 성전聖戰으로 불리지만, 그 이면에는 복잡한 갈등 양상이 얽혀 있었습니다. 당시 유럽의 일부 지역에서는 이슬람제국을 통해 동양의 많은 상품들을 교역했습니다. 비단이나 차, 향신료, 도자기 등의 상품들은 유럽인에게 욕망의 대상이었습니다. 이슬람제국으로부터 간섭받지 않고 자유롭게 교역하기를 원하는 상인들, 새로운 영토를 확보하고자 했던 영주들, 봉건제도에서 벗어난 농노 등 여러 계층의 욕망들이 유럽사회에 만연해 있었습니다. 이 욕망들이 경제적 부를 통해 권력을 장악하고자 했던 교황의 욕망과 만나 발생한 것이 십자군전쟁입니다. 이후 동양의 신기한 상품들이 보다 자유롭게 유럽으로 전파됐습니다. 설탕도 마찬가지였습니다.

유럽에서 설탕에 대한 인기와 수요가 폭발적으로 증가하자 일부 국가들은 이슬람제국을 통한 수입에 만족하지 않고, 직접 생산국과 교역을 하고자 했습니다. 대표적인 곳이 스페인과 포르투갈이었습니다. 지리적 조건으로 인해 오랫동안 지중해 교역에서 별다른 이익을 얻지 못했던 이들 국가는 아시아로부터 나침반과 항해술, 지도제작법 등을 적극적으로 배웠습니다. 바닷길을 통해 인도로 가기 위해서였습니다. 인도에서 설탕과 향신료 등을 수입해 유럽에 비싸게 파는 것은 이들 국가에게 매우 중요한 사안이었습니다.

인도로 향한 항해를 먼저 시작한 나라는 스페인이었습니다. 크리스토퍼 콜럼버스는 스페인의 후원을 받고 항해를 나섰습니다. 그가 향한 곳은 인도였지만, 도착한 지역은 오늘날의 중앙아메리카와 남아메리카에 둘러싸인 카리브해 연안이었습니다. 이 지역은

20도 이상의 기온을 유지했고, 강우량이 연간 1500밀리리터 이상이었기에 사탕수수 재배에 매우 적합한 환경이었습니다. 이를 파악한 콜럼버스는 두 번째 항해 때 사탕수수를 가져다가 아이티섬에 심었습니다. 스페인의 뒤를 이어 남아메리카에 진출했던 포르투갈도 사탕수수 재배에 눈을 돌렸습니다.

하얀 금에 숨겨진
검은 눈물

포르투갈이 사탕수수를 집중적으로 재배했던 지역은 오늘날의 브라질입니다. 지금도 브라질은 세계적으로 가장 많은 설탕을 생산하고 있는 국가이지요. 16세기까지 유럽인들은 설탕을 '하얀 금'이라고 불렀습니다. 향신료와 금을 찾아 항해했던 유럽인들에게 설탕은 새로운 부의 원천이었습니다. 하지만 설탕이 달콤함만 가져다준 것은 아니었습니다.

사탕수수는 재배환경이 매우 까다롭습니다. 다 자란 사탕수수는 무려 4미터 이상에 달하며, 사탕수수를 재배한 토양에서 다시 재배하면 과육이 급격하게 감소합니다. 따라서 계속해서 새로운 토양을 경작해야만 합니다. 사탕수수에서 설탕을 추출하는 과정 역시 복잡합니다. 4미터가 넘는 사탕수수 줄기를 잘라 물과 함께 끓여 당밀을 만든 후 몇 가지 가공과정을 거쳐야 정제된 설탕 결정체를 얻을 수 있습니다. 무엇보다 이러한 과정에는 많은 노동력이 필요합니다.

유럽인들은 보다 많은 설탕을 생산하기 위해 아메리카 대륙에 사탕수수 플랜테이션 농장(대규모 농장)을 설립했습니다. 이 대규모 농장을 운영하기 위해서는 막대한 노동력이 필요했습니다. 하지만 콜럼버스의 상륙 이후 천연두, 홍역과 같은 전염병이 퍼져 아메리카 원주민의 90퍼센트 이상이 절멸해 노동력이 부족한 상황이었습니다. 새로운 노동력이 필요했던 유럽인들은 아프리카 원주민들에게 눈을 돌렸습니다.

유럽인들에게 아프리카 서부 해안 지역은 '골드 코스트'라고 불렸습니다. 14세기에 금이 다량 산출되어 전 세계의 부가 집중되었고, '검은 황금'인 아프리카 원주민 노예들이 거주했기 때문입니다. 아프리카 원주민의 강제 이동은 15세기 중반부터 18세기까지 지속되었습니다. 매년 7~9만 명의 아프리카 원주민들이 아메리카로 강제 이주 당했습니다. 유럽의 제국들은 940만 명에 달하는 아프리카 원주민들을 아메리카 대륙으로 이동시켜 노예화했습니다. 유럽, 아프리카, 아메리카 대륙 사이에서 발생했던 이 노예 무역은 '대서양 삼각무역'으로 일컬어집니다.

유럽인들은 총이나 설탕을 만들고 남은 럼 찌꺼기로 술을 만들어 노예 사냥꾼에게 노예를 포획하는 대가로 제공했습니다. 아프리카 원주민 노예들을 착취해서 만들어낸 설탕은 바다를 건너 플랜테이션 농장주들의 부를 축적시켰습니다. 열대지역의 무더위 속에서 아프리카 원주민들은 가혹한 학대를 받으며 계속해서 사탕수수를 베야 했습니다. 이렇게 만들어진 설탕을 유럽 귀족들은 차에 넣어 마시는 것을 즐겼습니다. 설탕은 '검은 황금'이라 불렸던 아프리카 원주민들의 눈물로 빚어낸 '하얀 금'이었던 셈입니다.

향신료와 금을 찾아 항해했던 유럽인들에게
설탕은 새로운 부의 원천이었습니다.
유럽인들은 설탕을 '하얀 금'이라고 불렀습니다.
하지만 달콤한 설탕의 이면에는
고향을 떠나 강제로 이주당해 사탕수수를 베어야 했던
아프리카 원주민들의 고통이 서려 있었습니다.

빈센트 반 고흐, 〈아를 포룸광장의 카페 테라스〉, 1888

커피, 악마의 음료

반 고흐, 〈아를 포룸광장의 카페 테라스〉

프랑스 남부 프로방스 지역에 위치한 아를은 별을 그렸던 화가 고흐가 사랑했던 마을입니다. 27세에 화가가 되기로 결심한 고흐는 파리로 이사했지만, 이내 우울한 파리 생활에 염증을 느꼈습니다. 1888년에 아를로 이사한 그는 따뜻하고 온화한 아를의 날씨에 만족했고, 친구인 고갱과 함께 노란집에 거주하며 작품 활동에 몰두했습니다. 아를로 이사 오기 전 고흐는 주로 어두운 분위기의 그림을 그렸습니다. 예컨대 〈감자 먹는 사람들〉(1885)은 회색과 검은색으로 노동자들의 고단한 모습을 표현하고 있지요. 아를로 이사한 후 고흐의 그림은 더 이상 힘들고 비참한 분위기를 보여주는 것이 아니었습니다. 그는 노란색과 파란색을 사용해 별, 하늘, 해바라기 등을 화폭에 담아냈습니다.

고흐는 아를의 포룸광장에 있는 카페에서 그림을 그리는 것을 즐겼습니다. 이 곳에서 그려진 대표적인 작품은 〈아를 포룸광장의 카페 테라스〉입니다. 고흐는 여동생에게 보낸 편지에서 이 그림에 대해 다음과 같이 묘사하고 있습니다.

"푸른 밤, 카페 테라스의 커다란 가스등이 불을 밝히고 있어. 그 위로는 별이 빛나는 파란 하늘이 보여. 바로 이곳에서 밤을 그리는 것은 나를 매우 놀라게 하지. 창백하리만치 옅은 하얀 빛은 그저 그런 밤 풍경을 제거해버리는 유일한 방법이지. 검은색을 전혀 사용하지 않고 아름다운 파란색과 보라색, 초록색만 사용했어. 그리고 밤을 배경으로 빛나는 광장은 밝은 노란색으로 그렸단다. 특히 이 밤하늘에 별을 찍어 넣는 순간이 정말 즐거웠어."

정신을 맑게 하는
까만 콩

고흐의 그림에 등장하는 카페는 커피나 가벼운 음식을 파는 공간이었습니다. 고흐는 카페에서 커피를 즐겨 마셨습니다. 현대인에게도 없어서는 안 될 커피는 언제부터 마시기 시작한 것일까요?

커피의 원산지는 에티오피아입니다. 6~7세기경 에티오피아의 한 목동이 발견한 것으로 알려져 있습니다. 어느 날 이 목동은 돌보던 염소들이 갑자기 흥분해서 이리저리 뛰어다니는 모습을 목격했습니다. 그는 염소들이 붉은 열매를 먹은 후 이러한 행동을 보인다는 사실을 알게 되었고, 직접 그 열매를 먹어보았습니다. 그 결과, 머리가 맑아지고 기분이 좋아졌습니다. 이는 카페인 때문이었습니다. 커피나 차에 함유된 카페인은 알칼로이드의 일종으로 중추신경계에 작용해서 정신을 각성시키고 피로를 덜어주는 효과가 있습니다. 1819년 독일 화학자 프리드리히 페르디난트 룽게가 이 성분을 분리시켰는데, 커피에 들어 있는 화합물이라는 의미에서 '카페인'이라고 불렀다고 합니다.

이후 커피는 에티오피아에서 예멘으로 전파되었습니다. 아라비아 반도 남쪽에 위치한 예멘은 아프리카와 인도를 연결하는 교역의 중심지였습니다. 예멘에서 커피를 재배했던 대표적인 지역은 모카였습니다. 모카는 홍해 근처에 위치한 항구도시로 15~17세기 국제적인 커피 교역의 중심지였습니다. 모카의 커피 재배는 가파른 언덕에 계단식 경작지를 만드는 방식이었습니다. 일반적으로 커피는 적도를 중심으로 남위 25도에서 북위 25도 사이의 커피 벨트에서 재배되는데, 기온이 25도 이상 올라가면 광합성 활동이 감소하기 때문에 커피와 함께 포플러 나무를 심어 그늘을 만들어주었다고 합니다.

예멘은 대부분의 지형이 화산암으로 이루어져 있어서 미네랄이 풍부하고, 서리가 내리지 않고, 적당한 안개가 있어 커피 재배에 매우 적합한 환경이었습니다. 예멘의 베니마타르 지역에서 재배되는 커피는 초콜릿 향이 진하고, 씁싸름하면서도 새콤한 모카 마타리입니다. 아를의 카페에서 고흐가 즐겨 마신 커피가 바로 모카 마타리였습니다.

커피가 유럽에 전해진 것은 이슬람제국 덕분이었습니다. 17세기 아프로-유라시아를 지배했던 오스만투르크제국은 15세기 중반 지중해의 중심이었던 콘스탄티노플을 점령한 후 영토를 계속 확장했습니다. 1682년 오스만투르크는 오스트리아를 지배하고 있던 합스부르크 왕국을 침공했지만, 유럽 국가들의 동맹군에 패할 수밖에 없었습니다. 오스만투르크 군대가 후퇴한 후 유럽인들은 그들이 가지고 있던 검은 알갱이가 가득한 포대를 발견했습니다. 바로 커피 열매였습니다. 오스만투르크에서는 팬을 이용해 커피콩을 익힌 다음 가루로 만들어 물에 끓여 마시는 것을 즐겼는데, 유럽인들에게 이 새로운 음료는 너무나 쓰게 느껴졌습니다. 그래서 우유나 설탕을 넣어 마시는 커피를 즐겼다고 합니다.

커피를 마시기 시작했던 최초의 무슬림은 수피교도들입니다. 수피교는 이슬람교의 신비주의적 분파로서 교리나 율법을 학습하는 대신 체험을 강조합니다. 빙글빙글 돌면서 춤을 추는 세마의식은 수피교의 중요한 종교적 행위였습니다. 밤새 기도하면서 신과의 합일을 추구했던 수피교 수도승들은 졸음을 깨기 위해 커피를 마셨습니다. 금욕을 추구하는 종교인들에게 커피는 최고의 음료였습니다. 이후 커피는 대중들에게 전파되었고, 많은 이들이 커피하우스에 모여 커피를 마셨습니다. 커피하우스에서 게임을 하고, 정치와 종교에 대해 논하기도 했습니다. 하지만 일부 종교 지도자들은 이런 현상에 대해 매우 부정적이었습니다. 이들은 사람들이 일하지 않고 커피하우스에 모여 빈둥거리게 만든 커피는 『코란』에 위배되는 음료라고 말했습니다. 검은색 액체가 끓는 장면을 목격한 수도승들은 커피를 '악마의 음료'라 부르기도 했습니다. 그러나 부정적인 여론도 커피의 확산을 막지 못했습니다.

17세기에 유럽으로 커피가 전파되면서 유럽에서도 수많은 커피하우스가 생겼습니다. 하지만 일부 유럽인들은 이슬람에서 넘어온 커피를 혐오했습니다. 이들은 당시 교황이었던 클레멘트 8세에게 이교도의 음료인 커피를 금하도록 요청했지만, 커피를 마신 교황은 오히려 커피에 세례를 주었다는 일화가 있습니다.

1645년 이탈리아의 베니스에서 최초의 커피하우스가 생긴 이후 런던과 라이프치히, 파리 등 여러 도시들에 커피하우스가 생겼습니다. 파리의 커피하우스에서는 커피의 효능을 알리는 상송을 틀었는데, 커피가 질병을 예방하고 나른함과 무기력함도 떨쳐준다는 내용이 주를 이루었습니다. 독일에서는 커피가 불임의 원인이라는 주장이 제기되면서 여성들에게 커피를 금지하는 분위기가 만연했습니다. 커피를 좋아하는 딸과 이를 반대하는 아버지의 이야기를 담은 요한 세바스티안 바흐의 〈커피 칸타타〉는 이 같은 사회적 분위기를 잘 보여주는 동시에 커피의 효능을 예찬하는 곡이었습니다.

음악을 통해 커피를 예찬했던 또 다른 사람은 바로 러시아 작곡가 차이콥스키였습니다. 발레 〈백조의 호수〉의 작곡가로 유명한 차이콥스키는 1829년에도 발레 음악을 작곡했습니다. 바로 〈호두까기 인형〉입니다. 사악한 쥐로부터 호두까기 인형을 구해준 클라라는 과자나라에 초대를 받습니다. 과자나라에서 클라라가 요정들의 춤을 구경할 때 아라비아 춤을 추는 커피 요정이 등장합니다. 이 장면에서 비올라와 바이올린, 첼로, 호른과 클라리넷이 어우러지면서 신비롭고 몽환적인 분위기를 자아내는데 그야말로 커피를 마실 때 느끼는 기분과 비슷한 선율입니다.

독일의 유명한 음악가 베토벤 역시 커피 예찬론자였습니다. 매일 아침 커피콩을 60알씩 갈아서 커피를 마시는 습관을 가지고 있었던 그는 "커피를 제외하고는 그 어떤 것도 좋지 않다"라고 말했다고 합니다.

커피하우스, 혁명을 논하는 아지트

커피는 근대사회의 시작에도 중요한 영향을 미쳤습니다. 커피하우스가 등장하기 전, 사람들은 주로 선술집에 모여 술을 마시며 정치나 경제, 문화 등을 논했습니다. 그러나 과도한 음주로 인해 다툼이 빈번했고, 때로는 알코올 중독 같은 질병을 얻기도 했습니다. 반면 커피는 아무리 마셔도 취하지 않았습니다. 1650년 런던에 커피하우스가 생긴 이후 영국에는 수많은 커피하우스와 카페가 등장했습니다. 당시 커피 값은 1페니 정도였는데, 이 돈을 지불할 능력이 되는 사람은 누구나 커피하우스에 모여 새로운 사상을 수용했습니다. 커피하우스는 모든 사람이 평등하게 자신의 생각을 이야기하고, 다른 이들의 의견을 경청하는 민주주의의 장이었습니다. 과학자들 역시 커피하우스에 모여 자신들의 연구에 대해 토론했습니다. 1660년에 설립된 영국의 자연과학학회인 왕립학회는 커피하우스에서 시작된 것입니다.

1686년 파리 생제르망에 문을 연 카페 '르 프로코프'에서는 볼테르나 루소, 디드로 등 다양한 사상가들이 찾아왔습니다. 자유와 관용을 강조했던 볼테르의 사상이나 사회계약론을 말했던 루소의 사상이 커피하우스를 통해 대중에게 확산되었습니다. 특히 "모든 인간은 자유롭고 평등하다"라고 말했던 루소의 사상은 18세기 말 프랑스혁명의 중요한 사상적 토대가 되었습니다.

커피하우스에서 확산된 급진적인 사상들은 지중해를 건너 아메리카 대륙에도 영향을 미쳤습니다. 17세기 영국의 아메리카 식민지에 살고 있던 사람들은 자신들이 영국인과 동등한 정치적 권리를 가지고 있다고 생각했습니다. 하지만 영국이 중상주의를 강화하고 식민지의 세입을 증대시키기 위한 법안들을 통과시키면서 영국과 식민지 간의 갈등이 심화되었습니다. 1764년에 제정된 설탕법이나 1765년에 제정된 인지세법이 대표적인 사례입니다.

프랑스와의 아메리카 식민지 쟁탈전에서 패배한 영국은 경제적 손실을 메꾸기 위해 식민지로부터 세금을 거두려 했습니다. 설탕 1갤런당 3펜스의 관세를 부과한 설탕법, 인쇄물에 인지를 의무적으로 붙인 인지세법이 그러한 조치였습니다. 이로 인해 식민지인들의 불만이 고조될 것은 불 보듯 뻔한 일이었습니다.

일부 식민지인들은 영국으로부터 독립해야 한다고 생각했습니다. 17세기 말 아메리카 대륙에 커피가 전파되고, 1689년 보스턴에서 최초의 커피하우스가 생긴 이후 여러 지역에서 카페와 커피하우스가 문을 열었습니다. 영국으로부터 독립을 꿈꿨던 이들은 이 커피하우스에 모여 독립에 대해 논했습니다. 주로 보스턴의 '그린드래곤'에 모여 영국의 불평등한 과세에 대처하기 위한 방안이나 독립에 대해 논하곤 했습니다.

미국 건국의 아버지 가운데 한 사람인 새뮤얼 애덤스는 '보스턴 차사건'의 주역이었습니다. 애덤스를 비롯한 급진주의자들은 보스턴항에 정박한 영국 동인도회사의 선박에 몰래 올라가 선박에 실려 있던 차 상자들을 바다에 버렸습니다. 애덤스는 그린 드래곤에서 사람들과 함께 이 사건을 계획했습니다. '보스턴 차사건'을 계기로 영국은 식민지에 보다 강압적인 정책들을 시행했고, 결국 식민지는 영국에 대항해 전쟁을 일으켰습니다. 이 전쟁이 바로 '아메리카 독립전쟁'이었습니다.

우리나라에 커피가 처음 전파된 것은 19세기 말이었습니다. 1895년에 일본 공사 미우라 고로의 주도하에 민비를 살해했던 사건이 발생했습니다. '을미사변'이라 불리는 이 비극은 일제의 야욕에 의해 발생한 것입니다. 신변에 위협을 느꼈던 고종은 러시아와 결탁해 러시아 공사관으로 피신했습니다. 러시아 공사관에서 처음 커피를 맛본 고종은 이후에도 커피를 즐겨 마셨다고 합니다.

1902년 서울 중구 정동에 우리나라 최초의 호텔이 설립되었습니다. 당시 러시아 공사였던 카를 베베르를 따라 한국에 온 손탁이 설립한 이 호텔의 커피하우스가 우리나라 최초의 커피하우스였습니다. 당시 많은 외교인사와 독립운동가가 커피하우스에 모여 일본 세력을 축출하기 위한 방법에 대해 논했습니다. 대표적으로는 독립운동가 서재필, 민영환, 미국 공사 실, 그리고 선교사 헨리 아펜젤러와 호레이스 언더우드 등이 있었습니다. 우리나라에서도 커피하우스는 나라의 운명을 논하는 중요한 공간이었던 것입니다.

피테르 브뢰헬, 〈죽음의 승리〉, 1562-63

흑사병, 유럽을 덮친 죽음의 그림자

피테르 브뢰헬, 〈죽음의 승리〉

흑사병은 14세기 유럽 전역을 강타했던 치명적인 전염병이었습니다. 페스트균의 감염으로 발생하는 흑사병은 쥐를 통해 사람에게 옮겨지는 병이었지요. 흑사병에 걸리면 일주일 이내의 잠복기를 거친 후 발열과 오한, 근육통, 두통 등의 증상이 나타나고 대부분 2주 이내에 사망하게 됩니다. 병에 걸리면 피부가 검게 변했기 때문에 흑사병이라는 이름으로 불렸습니다. 당시 흑사병의 원인을 명확하게 규명하지 못했고 효과적인 치료법조차 존재하지 않았습니다.

흑사병은 유럽 인구 3분의 1 이상의 목숨을 앗아갔습니다. 노동력의 부족은 필연적인 현상이었지요. 하지만 노동력이 부족해지면서 새로운 농기구들이 개발되었고, 토지에 속박되어 있던 농민들은 자유를 찾아 도시로 이동했습니다. 농민의 이탈은 중세 봉건제도의 몰락을 불러왔습니다. 결국 흑사병은 유럽사회가 중세에서 근대로 넘어가는 중요한 전환점이 되었습니다.

죽음 앞에 모두가 평등하다

피테르 브뢰헬^{Pieter Bruegel, 1525~1569}의 그림 〈죽음의 승리〉는 흑사병과 죽음의 그림자가 유럽을 지배하는 풍경을 그린 것입니다. 브뢰헬은 16세기 플랑드르(오늘날의 네덜란드와 벨기에 일부 지역)에서 활동했던 화가입니다. 이 시기에 플랑드르의 여러 지역들은 상공업의 중심지로 부상했는데, 예술도 함께 발달했습니다. 여러 도시들에 뾰족한 첨탑과 웅장한 기둥, 높은 천장 등으로 구성된 고딕 양식의 성당과 종탑, 시청 등의 건물들이 세워졌습니다. 미술에서는 세밀하고 정교한 화법을 이용한 회화가 발달했습니다. 브뢰헬은 평범한 사람들의 일상과 자연 풍경을 예리하게 화폭에 담아낼 줄 아는 화가였습니다. 당시 유럽 학자들 사이에서는 간결한 비유로 보편적인 진리를 전하는 속담을 수집하는 것이 유행이었습니다. 브뢰헬은 그림을 통해 속담이 내포하고 있는 진리를 보여주고자 했습니다.

사실 대부분의 속담에서 인간을 어리석고 탐욕스러운 존재로 묘사하고 있습니다. 하지만 브뢰헬은 인간의 어리석은 모습을 훈계하거나 조롱하기 위해 속담을 화폭에 담아낸 것은 아니었습니다. 오히려 그는 어리석은 실수를 저지르고 탐욕스럽고 이기적인 모습의 인간을 있는 그대로 묘사하고자 했습니다. 그의 대표적인 그림 중 하나인 〈죽음의 승리〉 역시 마찬가지입니다. 이 그림에는 수많은 사람들이 등장합니다. 왕을 비롯한 성직자와 병사, 평민들은 모두 흑사병으로 사망해 널부러져 있습니다. 관 속의 시체와 해골을 실은 마차의 모습도 보입니다. 멀리 불타오르는 들판과 말라버린 나무들은 황폐한 분위기를 더욱 고조시킵니다. 이 그림은 흑사병이 유럽에 미친 영향이 얼마나 끔찍했는지 보여줄 뿐만 아니라 죽음 앞에서는 신분을 막론하고 모든 사람이 평등하다는 진리를 전하고 있습니다.

흑사병은 어떻게 유럽 전역을 휩쓸게 되었을까요? 원래 중국 남부지역의 풍토병이었던 흑사병이 유럽까지 확산된 데에는 몽골제국의 영토 확장과 깊은 관련이 있습니다. 인류 역사상 가장 넓은 영토를 지배했던 몽골제국. 칭기즈칸은 끊임없이 침략 전쟁을 벌여 중국의 금나라와 러시아 남부, 인도의 북부지역을 점령했습니다. 그리고 몽골제국의 광범위한 영토를 효율적으로 통치하기 위해 도로를 정비했습니다. 이 도로를 따라 흑사병은 유럽으로 진출했습니다.

몽골제국은 교통과 통신을 용이하게 하기 위해 역참제도를 만들었습니다. 중앙지역과 지방을 잇기 위해 말을 갈아타거나 쉴 수 있는 곳을 설치했는데, 이것이 바로 역참입니다. 30~40킬로미터마다 설치된 역참에서 왕의 명령이나 중요 문서를 전달하고자 했던 사신과 파발들이 말을 교환했습니다. 몽골제국의 역참은 다른 국가의 역참과는 차별성이 있었습니다. 우리나라나 중국을 비롯한 농경 국가에서는 중앙과 지방을 연결하는 도로를 따라 거미줄 형태의 역참을 설치했지만, 몽골제국에서는 도로가 없는 초원지역과 사막에도 역참을 설치했습니다. 뿐만 아니라 설치된 역참이 수시로 변경되기도 했습니다. 페르시아 제국의 경우 2700킬로미터에 달하는 '왕의 길'을 건설했지만, 이 길을 따라 적의 군대가 페르시아를 침략해오기도 했습니다. 몽골제국은 전쟁이 발생했을 시 새로운 역참을 설치함으로써 큰 피해를 막을 수 있었습니다.

13세기 말 중국을 비롯한 아시아 지역을 순회했던 베네치아 상인 마르코 폴로의 여정이 담긴 『동방견문록』은 유럽인들에게 큰 충격을 주었습니다. 이 여행기를 읽고 유럽인들은 고도로 발달된 중국의 생활문화와 미지의 동방세계에 대해 선망을 가지게 되었고, 아시아와의 교역을 열망했습니다. 인도와 동남아시아의 향신료, 중국의 비단, 도자기, 차 등의 상품은 매혹적인 것이었지요. 콜롬버스 역시 『동방견문록』을 보고 인도를 향한 항해길을 나섰습니다.

유럽의 상인들은 잘 정비된 몽골제국의 도로를 이용해 아시아 지역으로 진출했습니다. 몽골제국의 광대한 영토와 도로는 여러 나라의 교역을 활발하게 만들었습니다. 하지만 전염병 역시 각 나라로 빠르게 전파시켰습니다.

1331년 중국 황하강 유역의 하북성에서 흑사병이 발생했습니다. 당시 인구의 90퍼센트가 사망할 정도로 흑사병은 무섭게 번져

갔습니다. 이후 흑사병은 중국의 남부지역으로 확산되었고, 이곳을 점령했던 몽골제국의 군사들에게도 병이 옮겨졌습니다.

1346년 몽골제국의 군대는 제노바의 한 도시를 포위했습니다. 흑해 연안에 위치한 이 도시는 노예 무역이 번성했던 카파였습니다. 이 도시에 머물고 있던 몽골제국 군대 내에서 흑사병이 발생했고, 수많은 군인들이 별다른 치료도 받지 못한 채 사망했습니다. 당시 사망자가 너무 많아 매장조차 할 수 없게 되자 몽골군은 카파 점령을 포기하고 후퇴할 수밖에 없었습니다. 이때 몽골제국의 군대는 흑사병 사망자의 시체를 투석기에 올린 후 카파성 안으로 던졌습니다. 그리하여 카파에서 발생한 흑사병은 유럽 전역으로 급속하게 확산되었습니다.

공포가 불러온
유대인 박해

유럽에서 흑사병이 가장 심각하게 퍼졌던 시기는 1340년대였는데, 당시 의사들은 흑사병이 어디에서 발생했는지, 효과적인 치료법이 무엇인지 전혀 알지 못했습니다. 원인과 치료법을 알지 못하니 그야말로 공포의 대상이었습니다.

어떤 이들은 흑사병을 신이 탐욕스러운 인간에게 주는 벌이라고 생각했습니다. 죄를 고백하고 신으로부터 용서받는 채찍질 고행이 만연했습니다. 교회에서 채찍은 금욕을 위한 참회 수단이었는데, 사람을 피투성이로 만드는 채찍질 고행을 계속해도 흑사병은 좀처럼 사라지지 않았습니다.

　일부 유럽인들은 유대인이 흑사병의 원인이라고 주장했습니다. 독일과 프랑스가 영토 분쟁을 벌였던 알자스 지방의 한 도시 스트라스부르크에서는 끔찍한 유대인 박해가 일어나기도 했습니다. 유대인이 우물에 독을 넣어 흑사병이 발생했다는 소문을 유럽인들은 철석같이 믿었습니다. 그들은 우물에 독을 탔다는 죄목으로 유대인들을 공동묘지에 데려가 재판을 집행했습니다. 이렇게 죄를 뒤집어쓰고 사형당하거나 추방당한 유대인들은 수천 명에 달했습니다. 유대인들에게 기독교를 선택하라는 종교 개종을 강요하면서 이를 거부하면 화형에 처하기도 했습니다. 이렇게 죽은 유대인들은 약 2000명 이상으로 추정됩니다. 흑사병은 유럽에 만연해 있던 반유대주의를 더욱 심화시키고 혐오를 표출하도록 만든 방아쇠였습니다.

　이탈리아에서는 흑사병을 통제하기 위해 격리와 검역을 시행했습니다. 여러 도시들의 선박을 30일 동안 항구 밖에 격리시키고, 검역 기간 동안 허브를 태워 피운 향을 이용해 탑승객과 상품을 소독했습니다. 허브의 강한 향이 전염병을 물리치는 효과가 있을 것이라는 생각 때문이었습니다.

　흑사병을 퇴치하기 위한 온갖 조치들이 효과가 없자 사람들의 태도도 변화했습니다. 희망이 사라진 유럽인들은 오히려 현실을 즐겨야 한다고 생각했습니다. "카르페 디엠$^{carpe\ diem}$". '현재에 충실하라'는 뜻의 라틴어이지요. 요즘에도 많이 쓰는 이 말은 흑사병이 만연했던 14세기 유럽에서 유행했던 말입니다. 아침에 눈을 뜨면 사람들이 죽어 나가던 상황에서 남겨진 하루를 의미 있게 보내자는 뜻으로 유럽인들은 서로에게 '카르페 디엠'이라는 인사를 건넸습니다.

브뢰헬의 그림에서 묘사했듯이 흑사병으로 인해 유럽사회는 신분을 막론하고 수많은 사람들이 평등하게 죽어갔습니다. 하지만 폐허에서 꽃이 피는 것처럼 죽음의 땅에도 새로운 변화의 기운이 자라났습니다. 기독교와 교회가 지배했던 유럽에서 성직자의 수가 줄면서 그 영향력도 현저히 줄었습니다. 영주나 제후들은 교회의 구속에서 벗어나 독자적인 권력을 구축해 나갔고, 이는 새로운 형태의 국가를 건설하는 토대가 되었습니다. 봉건제도와 근대사회의 중간에 나타났던 절대왕정은 흑사병 덕분에 교회를 통제할 수 있었고, 왕은 신으로부터 부여받은 절대 권력을 행사할 수 있었습니다. 결과적으로 흑사병은 당시 유럽인들에게는 비극이었지만 유럽사회의 발전에는 축복이 되었습니다.

디오스코로 툴린, 〈아메리카를 최초로 밟은 크리스토퍼 콜럼버스〉, 1862

콜럼버스의 항해, 탐험과 약탈

디오스코로 톨린, 〈아메리카를 최초로 밟은 크리스토퍼 콜럼버스〉

콜럼버스 데이를 아시나요? 1492년 10월 12일에 이탈리아 탐험가 크리스토퍼 콜럼버스가 아메리카 대륙에 상륙한 것을 기념하는 날입니다. 미국에서는 매년 10월 둘째 주 월요일을 '콜럼버스 데이'로 기념하고 있습니다. 가장 규모가 큰 행사는 뉴욕에서 열리는데, 매년 성대한 퍼레이드가 진행됩니다. 1792년 뉴욕에서 기념하기 시작한 이 날은 1907년 콜로라도주가 최초로 공휴일로 지정했고, 이후 1937년에 연방정부에서 국가기념일로 결정했습니다.

하지만 '콜럼버스 데이'를 둘러싼 논란도 만만치 않습니다. 원주민을 학살하고 전염병을 전파한 콜럼버스의 상륙을 기념하는 이름 대신 '원주민의 날'로 부르는 것이 더 타당하다는 주장도 제기되었습니다. 실제로 아르헨티나, 콜롬비아, 베네수엘라 등의 남미

국가에서는 '원주민의 날'로 명칭을 변경해 부르고 있습니다. 미국에서도 이러한 논란이 심화되고 있는 추세입니다. 콜럼버스 데이는 이탈리아계 미국인들이 콜럼버스의 항해를 역사적 의미가 큰 사건으로 미화하고, 자신들의 정체성을 공고히 하고 우월감을 고취시키기 위해 기념했던 행사였습니다. 반면 콜럼버스의 상륙 이후 착취와 학살을 당했던 원주민 입장에서는 끔찍한 사건이었지요. 실제로 로스앤젤레스, 시애틀, 캘리포니아 등의 도시에서도 콜럼버스 데이를 '원주민의 날'로 명칭을 변경했고, 여전히 이 명칭에 대해서 논란이 분분합니다.

신대륙 발견이라는 업적을 남긴 콜럼버스는 세계사적 영웅의 대접을 받았습니다. 하지만 이 같은 역사적 평가가 과연 올바른 것인지 여러 가지 시각과 관점에서 살펴볼 필요가 있습니다. 디오스코로 톨린$^{Dioscoro\ Teofilo\ de\ la\ Puebla\ Tolin,\ 1831~1901}$의 그림을 보며, 그 의미에 대해 다시 생각해보고자 합니다.

콜럼버스, 세계사적 영웅인가 점령자인가

스페인 화가 디오스코로 톨린의 〈아메리카를 최초로 밟은 크리스토퍼 콜럼버스〉는 콜럼버스가 아메리카 대륙에 상륙했던 당시의 장면을 포착한 그림입니다. 초상화를 주로 그렸지만 역사화에도 관심이 많았던 톨린은 역사화의 소재로 콜럼버스의 항해를 선택했습니다.

　이탈리아 출신의 항해자 콜럼버스는 스페인 여왕의 후원을 받고 항해를 할 수 있었습니다. 그가 스페인을 출발한 지 70여 일이 지나서 육지에 도착했는데, 오늘날의 카리브해였지요. 사실 콜럼버스는 인도에 가고자 했습니다. 마르코 폴로의 『동방견문록』을 보고 인도와 중국에 동경을 갖게 된 콜럼버스는 인도로 가는 항해로를 발견하고 그곳에서 향신료나 비단, 차 등의 값비싼 상품들을 유럽으로 가져오려고 했습니다.

　자신이 도착한 곳이 인도라고 믿었던 콜럼버스는 카리브해에 살고 있던 아메리카 원주민들을 '인디언'이라고 불렀습니다. 말 그대로 '인도 사람'이라는 뜻입니다. 하지만 이 명칭은 잘못된 것이며, 인디언 대신 '아메리카 원주민'이라고 불러야 한다는 의견이 오늘날에는 정설로 받아들여지고 있지요.

　톨린은 콜럼버스가 육지에 도착한 장면을 매우 성스러운 분위기로 그렸습니다. 엄숙한 표정으로 스페인 국기를 들고 있는 콜럼버스는 자신이 도착한 지역이 스페인 왕의 소유라는 것을 선언하고 있습니다. 성직자 역시 십자가를 들고 자신들이 도착한 땅을 하나님의 이름으로 축복하고 있지요. 원래 그 땅의 주인이었던 아메리카 원주민들은 그림의 한 구석에서 발견할 수 있습니다. 마치 배경처럼 보입니다. 톨린은 이 그림을 통해 콜럼버스의 항해와 유럽인들의 아메리카 대륙 정복을 정당화하고 있습니다.

　이탈리아 제노바 출신이었던 콜럼버스는 '지구가 둥글다'라고 말하는 지구구형설을 지지했습니다. 당시 지구가 평평하다는 가설이 유럽을 지배하고 있었기에 유럽인들은 반대편으로 항해를 하면 낭떠러지 아래로 떨어진다고 믿었습니다. '지구가 둥글다'라는 주장은 이미 고대 그리스에서부터 제기된 것입니다. 그리스 수학자 피타고라스가 처음으로 지구구형설을 주장했습니다. 11세기 아라비아 과학자 알 비루니는 지구가 태양과 달 사이에 위치할 때 지구의 그림자에 달이 가리는 현상인 월식을 관찰하고 이를 토대로 지구가 둥글다는 학설을 제시했습니다. 그러나 '지구는 평평하다'라고 해석하는 성경의 구절 때문에 중세에는 지구구형설이 금지되었지요.

콜럼버스는 지구구형설을 믿고 항해를 결심했습니다. 하지만 지구의 둘레를 원래의 길이(6400킬로미터)보다 적게(4800킬로미터) 계산해 인도가 아닌 카리브해에 당도하게 되었습니다. 자신이 도착한 곳을 인도라고 굳게 믿었던 콜럼버스로 인해 이 지역은 최근까지도 '서인도제도'라고 불리게 되었지요.

콜럼버스가 항해를 시작하기까지는 많은 우여곡절이 있었습니다. 1848년 콜럼버스는 포르투칼 국왕 주앙 2세에게 항해를 지원해달라고 요청했습니다. 이와 더불어 자신에게 기사와 제독의 지위를 줄 것과, 새로운 영토에서는 총독의 지위를 하사하고 그 영토에서 얻은 수익의 10퍼센트 지분을 보장할 것을 요구했지요. 포르투칼 국왕은 콜럼버스의 계획이 터무니없다며 그의 요청을 거절했습니다. 결국 콜럼버스는 스페인으로 건너가 새로운 종교적 식민지를 원했던 성직자들과 이사벨라 여왕의 후원을 받아 항해를 시작할 수 있었습니다.

1492년 8월 3일에 시작된 콜럼버스의 항해는 총 네 차례에 걸쳐 이루어졌습니다. 처음에 도착한 섬에 콜럼버스는 '산살바도르'라는 이름을 붙이고 주변 지역을 탐색했습니다. 그의 가장 중요한 목적은 스페인으로 가져갈 값비싼 상품이나 금과 보석을 발견하는 것이었습니다. 하지만 그곳에서는 쉽게 금이 발견되지 않았기에 콜럼버스는 원주민들에게 금광을 채굴하도록 했습니다. 아메리카 원주민들에게 할당량을 주고 할당량을 채우지 못하면 손이나 발을 잘라버리기도 했습니다. 또한 콜럼버스는 원주민들을 다른 지역에 노예로 팔기도 했습니다. 그는 남아메리카에 살고 있던 아라와크부족 1600명을 노예로 팔았습니다. 콜럼버스가 아메리카에 도착하기 전 약 800만 명에 달했던 아라와크부족은 혹독한 노동과 고문, 그리고 질병 등으로 절멸 상태에 이르렀습니다.

아메리카
원주민의 비극

콜럼버스의 항해 이후 많은 유럽인들이 아메리카로 이동했습니다. 유럽인들이 이주해오기 전에 아메리카에는 공예와 천문학, 직물 제조 등이 매우 높은 수준으로 발달했던 제국들이 있었습니다. 잉카제국이나 아즈텍제국이 그러했지요. 잉카제국은 콜롬비아에서 칠레, 그리고 안데스 지역에 이르는 광대한 영토를 지배했던 제국이었습니다. 아즈텍제국 역시 오늘날 멕시코시티를 중심으로 넓은 영토를 지배하고 있었습니다. 하지만 유럽인들이 아메리카로 이동한 이후 이 제국들은 몰락했습니다. 유럽을 건너온 치명적인 전염병 때문이었습니다.

아메리카 원주민들에게 천연두나 홍역과 같은 아프로-유라시아의 전염병은 낯선 질병이었습니다. 아무런 면역력이 없었던 원주민들 사이에서 전염병은 빠르게 확산되었고, 사망자 수는 급증했습니다. 콜럼버스가 아메리카에 도착한 이후 1세기가 지나지 않아 아메리카 원주민의 수는 90퍼센트 이상 감소했습니다. 지금까지 유럽인들이 아메리카를 정복할 수 있었던 원인으로 학계에서는 과학기술의 발전이나 종교적 우월성 등을 강조해왔지만 실제로 아메리카 원주민들과 생태계에 가장 심각한 영향을 미쳤던 것은 바로 아프로-유라시아로부터 이동했던 전염병이었습니다.

이후 아메리카와 아프로-유라시아 사이에는 수많은 동물과 식물, 인간, 그리고 전염병의 교환이 발생했습니다. 이른바 '콜럼버스의 교환'입니다. 실크로드를 중심으로 아프로-유라시아의 여러 지역들을 연결했던 네트워크도 더욱 확대되었습니다. 아메리카 대륙의 유럽 식민지에서는 은 채굴이나 사탕수수나 면화, 담배 등과 같은 수익성이 좋은 작물들을 재배하기 위한 플랜테이션 농장이 만들어졌습니다. 아메리카 식민지로부터 얻는 이익이 증가함에 따라 더 많은 노동력이 필요했고, 유럽인들은 아프리카 원주민을 강제로 아메리카로 이주시켜 노예화했습니다.

분명 콜럼버스가 남긴 유산은 큽니다. 그의 항해 이후 유럽인들은 지식과 정보의 수용에 더욱 적극적이었지요. 이전까지 일부 지역만 연결되었던 연결망은 지구 전체로 확대되었고, 오랫동안 아프로-유라시아 주변부에 위치했던 유럽인들도 글로벌 네트워크의 중심으로 부상했습니다. 18세기 중반 콜럼버스 후예들의 항해는 계속되었습니다. 영국의 탐험가 제임스 쿡은 오스트레일리아와 뉴질랜드를 탐험했고, 남극 대륙을 발견했습니다. 1911년에는 노르웨이 출신의 로알 아문센이 최초로 남극점에 도달했습니다. 이제 지구에 인간이 닿지 못하는 영역은 없습니다. 이러한 관점에서 콜럼버스의 항해는 유럽인의 우월성을 보여준 사건이 아니라 유럽인들의 세계관이 확대되는 계기를 마련했다는 게 더 정확한 평가일 것입니다.

에이브러햄 혼디우스, 〈템스강의 서리장터〉, 1684

소빙기와 증기기관

에이브러햄 혼디우스, 〈템스강의 서리장터〉

올리버는 영국 북부지역의 한 빈민구제소에서 태어났습니다. 아버지는 누구인지 모르고, 어머니는 그를 낳다가 사망해 올리버는 고아원으로 보내졌습니다. 추위와 굶주림에 시달리는 고아원의 비참한 생활을 견디지 못한 올리버는 런던으로 도망을 칩니다. 그리고 그곳에서 악당 페긴이 이끄는 도둑 소굴에 들어갑니다. 페긴의 강요에 의해 소매치기 생활을 했던 올리버는 친절한 노신사 브라운로우를 만나 그의 보살핌을 받게 됩니다. 하지만 또 다시 페긴 일당에게 납치를 당하고, 올리버는 부잣집을 터는 일에 가담하게 됩니다. 그곳에서 총상을 입은 채 버려진 올리브. 다행히 마음씨 좋은 집 주인 메일리 부인과 로즈, 로스번의 도움을 받게 되고, 그들은 올리브의 고통으로 얼룩진 삶을 따스하게 감싸줍니다.

찰스 디킨스의 소설 『올리버 트위스트』의 줄거리 일부입니다. 디킨스는 이 소설을 통해 19세기 초 산업혁명이 일어난 이후 자본주의가 확산되면서 자본가와 노동자의 경제적 격차가 심화되고, 빈민과 아동의 노동력을 착취하는 영국사회의 분위기를 신랄하게 비판했습니다.

소설 속 페긴 일당의 한 여성 낸시는 올리버를 가엾게 여겨 브라운로우와 다시 만나게 해주려는 계획을 세웁니다. 그리고 그 계획을 전하기 위해 올리버와 런던브리지에서 만납니다. 이 런던브리지는 18세기 중반까지 영국 잉글랜드 중남부를 가로질러 북해로 흐르는 템스강을 건널 수 있는 유일한 다리였습니다.

55년 율리우스 카이사르가 오늘날 영국에 해당하는 브리타니아를 침공하면서 영국인들은 5세기 초까지 로마의 지배를 받았습니다. 이 시기에 로마인들이 지은 다리가 런던브리지였습니다. 하지만 이 다리는 금방 무너졌고, 이후 영국으로 이주한 색슨족이 나무로 다리를 세웠습니다. 그러나 이 다리 역시 홍수에 떠내려가고 말았습니다. 1176년에 돌을 사용해 다리를 만들었지만, 다리 아래 급류가 소용돌이치는 문제가 또 생겼습니다. 이후 1831년에 대리석으로 만든 튼튼한 다리가 오늘날의 런던브리지가 되었습니다. 1750년 웨스트민스터브리지가 세워질 때까지 사람들은 런던브리지를 통해 템스강을 건넜습니다. 물이 흐르는 속도가 비교적 느려 수상 교통로로 활용되었던 템스강을 통해 많은 사람들이 다른 지역으로 이동했고, 상품들을 교류했습니다.

전 지구가 얼어붙은 소빙기

　템스강은 겨울에도 잘 얼지 않는 강이었습니다. 기록에 따르면 템스강은 250년에 6주 동안 얼었습니다. 1410년에는 14주 동안 얼기도 했습니다. 템스강이 보다 빈번하게 얼어붙은 시기는 바로 '소빙기'였습니다. 소빙기는 약 1만 년 전에 종식된 마지막 빙하기 이후 가장 추웠던 시기를 의미합니다. 학자들에 따라 추정 시기가 다르지만, 일반적으로 16세기부터 19세기 초까지를 소빙기라 일컫습니다. 추위가 극심했던 17세기를 "17세기의 위기"라고 부르기도 합니다.

　이 같은 위기는 비단 영국에서만 발생했던 것은 아닙니다. 조선에서는 1670~1671년 사이에 '경신 대기근'이 발생했습니다. 1200~1400만 명이었던 당시 조선인구의 약 10퍼센트 이상이 기근과 굶주림으로 사망했었지요. 이 경신 대기근에 대해서는 『조선왕조실록』의 「현종개수실록」에 매우 자세하게 기록되어 있습니다. 소빙기는 전 지구적으로 영향을 미쳤던 것입니다.

　소빙기가 발생했던 원인 중 하나는 화산폭발이었습니다. 화산이 폭발하면 대기 중 이산화황이 우산 모양의 막을 형성합니다. 이 막은 태양빛을 차단시키기 때문에 지구 표면에 도달하는 태양에너지가 현저하게 줄어듭니다. 그 결과 극심한 추위가 발생하는 것이지요. 18~19세기 지구에서는 큰 화산폭발이 일어났습니다. 러시아 북동쪽에 위치한 캄차카 반도의 쉬벨루치 화산이 폭발했고, 19세기 초에는 인도네시아의 탐보라 화산이 폭발했습니다. 탐보라 화산폭발은 인류 역사상 최악의 화산폭발로 9만 명 이상의 사망자가 발생했습니다. 이들 중 대부분은 화산폭발 이후 기후변화로 인한 기근과 전염병으로 사망했습니다.

소빙기에 템스강은 무려 24차례나 얼어붙었습니다. 1683~84년, 추위가 가장 기승을 부리던 시기에 템스강은 거의 두달 간 꽁꽁 얼어 있었습니다. 템스강의 얼음은 사람 키만큼 높고 두꺼웠습니다. 꽁꽁 얼어붙은 템스강 위에서 장터가 열리기도 했습니다. '서리 장터'라 불리는 이 장터에서 사람들은 썰매나 스케이트를 타기도 하고, 인형극을 관람했습니다. 장터에 참여한 사람들의 이름을 적은 카드를 판매하는 사람도 있었습니다.

네덜란드 화가 에이브러햄 혼디우스$^{Abraham\ Hondius,\ 1631~1691}$의 그림 〈템스강의 서리 장터〉는 이러한 서리 장터의 모습을 묘사한 것입니다. 얼음 강 위에 천막으로 설치된 임시 장터에서는 커피와 브랜디를 비롯한 상품들을 판매하고 있고, 아이들은 스케이트를 타고 있습니다. 그림의 한 편에는 얼음 위를 달리는 마차의 모습도 보입니다.

추위가 불러온 인간의 광기, 마녀사냥

하지만 소빙기가 혼디우스의 그림에서 보이는 것처럼 즐겁고 낭만적인 것은 아니었습니다. 겨울부터 내린 서리로 인해 봄까지 땅이 얼어붙어 농민들은 씨를 뿌리지 못했고, 파종을 제때 하지 못해서 곡물 수확량이 급속하게 감소했습니다. 이에 따라 곡물 가격은 급등했습니다. 사람들은 빵을 사먹지 못했습니다. 독일에서는 흙으로 빵을 만들어 먹었고, 프랑스에서는 풀뿌리나 나무뿌리로 연명하는 사람들이 늘어났습니다. 중국에서도 기근이 발생했는데, 당시 중국을 지배하고 있던 명나라는 굶주린 사람들을 구제하지 못해 결국 청나라로 왕조가 교체되고 말았습니다.

소빙기로 인해 혼란이 가중되면서 이를 수습하기 위해 정치인들은 공포를 조장하거나 국민을 탄압하는 방법을 택했습니다. 유럽에서 흑사병에 대한 두려움 때문에 유대인을 박해하고 학살했던 것과 마찬가지 현상이었죠. 이 시기에 유럽에서는 마녀사냥이 횡행하기 시작했습니다.

유럽에서 마녀사냥이 시작된 것은 15세기로 추정됩니다. 당시 유럽을 지배했던 기독교와 교회의 절대적인 권력을 유지하기 위해 나타났던 광신도적 현상이었습니다. 당시 많은 유럽인들은 악마의 존재를 믿었고, 이들이 마법 집회를 열고 있다고 생각했습니다. 17세기 프랑스 북부 지역에서는 300명 이상이 마녀로 기소되었고, 절반 이상이 처형되었습니다. 비슷한 시기에 독일에서는 10년간 1000명에 가까운 사람들이 마녀로 기소되어 죽어갔습니다.

이 시기에 종교적 혼란도 상당했습니다. 교회에서 궁핍해진 재정을 충당하기 위해 면죄부를 판매하려 하자, 이에 반발하며 종교개혁이 일어났습니다. 성경의 교리에 충실할 것을 요구하는 종교개혁은 독일에서 시작되어 여러 국가로 급속하게 퍼져 나갔고, 결과적으로 수많은 종파들이 만들어지게 되었습니다. 소빙기로 인한 사회적 혼란과 종교적 혼란이 사람들의 광기를 부추겨 마녀사냥을 일으킨 것입니다.

석탄과 증기기관의 발명

소빙기에 사람들은 목재를 난방연료로 사용했습니다. 극심한 추위를 견디기 위해서는 보다 많은 목재가 필요했고, 목재 수요량이 치솟으면서 목재 가격 역시 천정부지로 치솟았습니다. 사람들은 새로운 연료로 석탄을 찾아냈습니다.

석탄은 이미 기원전 2세기경 중국에서 사용되었고, 유럽에서는 9세기부터 사용한 바 있습니다. 하지만 석탄 채굴로 인해 대기 오염이 심각해지자 13세기 후반 에드워드 2세는 석탄 채굴을 줄일 것을 명한 적이 있습니다.

소빙기의 추위를 견디기 위해 유럽인들은 석탄을 사용했습니다.

처음에는 노천에 널린 석탄을 가져다 사용했지만, 그 수요가 늘자 지하에 매장된 석탄을 채굴했습니다. 그러나 석탄을 채굴하는 과정에서 심각한 문제가 발생했습니다. 지하수가 고이면서 석탄 채굴에 어려움이 생긴 것입니다. 이를 해결하기 위해 개발된 것이 증기기관입니다. 탄광의 지하수를 퍼내기 위해 개발된 증기기관 덕분에 석탄 채굴량은 기하급수적으로 증가했습니다. 참고로 영국의 제임스 와트가 증기기관을 발명한 것으로 알려져 있지만, 와트의 증기기관은 토머스 뉴커먼이 발명한 것을 개량한 것이라고 합니다.

영국을 비롯한 유럽의 여러 국가에서 산업혁명이 진행되면서 증기기관은 기관차나 선박 등의 교통수단에도 이용되었습니다. 증기기관차와 증기선의 등장으로 먼 거리를 더욱 빠른 속도로 이동할 수 있게 되었고, 공장에서도 증기기관을 동력으로 이용해 대량생산이 가능해졌습니다.

산업혁명 이후 유럽은 더 많은 자원과 노동력을 얻기 위해 다른 지역들을 점령해 갔습니다. 유럽 열강의 식민지 쟁탈전은 제1차 세계대전으로 번졌습니다. 이처럼 지구에 찾아온 소빙기는 인간 세계의 많은 것을 변화시켰습니다.

3장
혁명과 전쟁

혁명과 전쟁은 현대사회를 만드는 토대였습니다. 수많은 사상이 탄생했고, 과학기술이 발전하는 계기가 되었습니다. 오늘날 세계는 긴밀하게 연결되어 있고, 과거 그 어느 때보다 급격한 변화를 맞이하고 있습니다. 혁명과 전쟁, 과학기술을 소재로 한 그림을 보며 현대사회의 흐름을 조망해보고자 합니다.

외젠 들라크루아, 〈민중을 이끄는 자유〉, 1831

프랑스혁명, 분노한 민중의 노래

외젠 들라크루아, 〈민중을 이끄는 자유〉

"너는 듣고 있는가? 분노한 민중의 노래. 다시는 노예처럼 살 수 없다 외치는 소리. 심장 박동 요동쳐 북소리 되어 울릴 때 내일이 열려 밝은 아침이 오리라. 모두 함께 싸우자. 누가 나와 함께 하나. 저 너머 장벽 지나서 오래 누릴 세상. 자, 우리와 싸우자. 자유가 기다린다."

영화 〈레 미제라블〉에 흘러나오는 노래의 가사입니다. 빅토르 위고가 쓴 원작소설의 내용은 다음과 같습니다. 장발장은 추위에 굶주린 조카들을 위해 빵 한 조각을 훔친 죄로 19년 동안 감옥에 갇혀 있었습니다. 감옥에서 나온 그를 따뜻하게 맞이해준 미리엘 신부의 교회에서 장발장은 다시 은촛대 하나를 훔치고 맙니다.

이를 알게 된 미리엘 신부는 오히려 그를 용서하고 은촛대를 하나 더 내주는 자비를 베풉니다. 이에 감동한 장발장은 새로운 사람으로 거듭나게 됩니다. 한편, 이런 장발장에게 의심의 눈초리를 거두지 않았던 자베르 경감의 추적은 계속되었고, 그 무렵 엉뚱한 사람이 장발장으로 몰려 체포를 당하는 일이 벌어집니다. 양심의 가책을 느낀 장발장은 스스로 자백하고 감옥에 들어가지만, 그곳에서 예전에 자신이 도와주었던 여공의 딸 코제트가 불행에 빠져 있다는 소식을 듣고 탈옥을 하게 됩니다. 그때 코제트는 공화주의자 청년 마리우스를 사랑하고 있었습니다. 장발장은 파리에서 일어난 항쟁에 휘말려 부상을 당한 마리우스를 구출해 코제트와 결혼을 시킵니다. 그리고 두 사람에게 자신의 과거를 고백한 뒤, 두 부부가 임종을 지켜보는 가운데 조용히 숨을 거둡니다.

빅토르 위고의 소설과 동명의 영화의 시대적 배경으로 나오는 시민항쟁은 1832년 6월에 발생했습니다. 이 항쟁을 이해하기 위해서는 좀 더 시간을 거슬러 올라갈 필요가 있습니다. 바로 1789년 7월에 일어났던 프랑스혁명입니다.

프랑스 절대 왕정의 몰락

17세기 프랑스는 다른 어느 국가보다 강력한 왕권이 확립되어 있었습니다. 흔히 '태양왕'이라 불리는 루이 14세는 전쟁을 통해 프랑스의 영토를 확대시켰습니다. 가톨릭과 프로테스탄트 사이에 발생했던 30년전쟁에 개입하면서 프랑스는 북동부의 메스와 중부의 투르, 파리 동쪽의 베르, 그리고 합스부르크의 영토였던 알자스 지역을 얻게 되었습니다.

다섯 살의 나이에 왕위에 즉위한 루이 14세는 추기경 쥘 마자랭의 보필을 받았습니다. 그가 9세가 되던 해 파리 고등법원과 귀족들이 연합해 반란을 일으켰습니다. '프롱드의 난'으로 알려진 이 반란은 마자랭에 의해 진압되었지만 루이 14세는 이때 각지를 유랑하는 치욕을 겪었습니다. 1661년 마자랭이 사망한 후 루이 14세는 재상제를 폐지하고 직접 고문관 회의를 주재하였고, 파리고등법원은 역할을 격하시켜 최고재판소 수준으로 만들었습니다. 귀족들의 역할을 축소되었고, 태양왕 루이 14세는 절대 왕권을 확립해 나갔습니다.

절대왕정의 가장 중요한 이데올로기는 바로 '왕권신수설'이었습니다. 왕권신수설이란 '왕의 권력은 신으로부터 나오며, 왕은 신에 대해서만 책임을 지고 모든 국민은 왕의 명령에 복종해야 한다'는 의미를 지니고 있었습니다. 영토 확장을 통해 프랑스를 강대국으로 만들었던 루이 14세는 "신은 모든 국민들이 왕을 신의 대리인으로 존경하는 것을 희망했다. 국민이 무조건 복종하는 것만이 신이 원하는 바이다"라고 말하기도 했습니다.

그리하여 프랑스 왕정은 절대적인 권력을 누리며 국민 위에 군림했습니다. 특혜를 받았던 소수의 귀족과 성직자들은 국민의 90

퍼센트에 달하는 평민층의 근로와 납세에 기생하며 호화로운 생활을 누렸습니다. 게다가 루이 16세가 집권했던 18세기 말 프랑스는 심각한 재정위기를 맞았습니다. 아메리카 독립전쟁에 프랑스 정부가 막대한 돈을 지원했기 때문입니다. 이 문제를 해결하기 위해 루이 16세는 1614년 이래 열리지 않았던 삼부회를 다시 소집했습니다. 국민들에게 새로운 세금을 물리기 위해서였습니다.

삼부회는 프랑스의 신분제 회의였습니다. 1302년 필리프 4세가 사제와 귀족, 평민의 대표들을 모아 노트르담 성당에서 회의를 연 것에서 유래했습니다. 이후 제1신분인 성직자, 제2신분인 귀족, 제3신분인 평민 대표들로 구성된 국민의회로 기능했습니다.

1789년 루이 16세가 삼부회를 모집할 당시 제1신분은 294명, 제2신분은 270명, 제3신분은 578명이었습니다. 1614년에 열렸던 삼부회의 원칙에 따르면 각 신분의 대표가 모두 똑같은 비율로 구성되어야 했지만, 압도적으로 수가 많은 제3신분은 두 배의 대표 수를 요구했습니다. 프랑스가 직면한 문제를 해결하기 위해 '머릿수로 투표할 것인가, 신분별로 투표할 것인가'를 두고도 의견이 분분했습니다. 머릿수 투표가 채택된다면 그 수가 많은 제3신분이 유리하지만, 신분별 투표를 한다면 대체로 뜻을 같이 하는 귀족과 성직자 층이 우세해지기 때문이었습니다. 국가재정의 위기를 해결할 목적으로 소집된 삼부회는 각 신분층의 패권을 쟁탈하기 위한 치열한 전장과 다름없었습니다.

일부 귀족과 제3신분 대표들은 삼부회를 국민의회로 바꿀 것을 요구했습니다. 하지만 루이 16세가 이를 반대하면서 군대를 보내 회의장을 폐쇄하자 이들은 테니스 코트에 모여 새로운 헌법을 제정할 때까지 해산하지 않겠다는 '테니스 코트의 서약'을 선언했습니다. 결국 루이 16세도 국민의회를 인정하고 모든 의원들이 국민의회에 참여하도록 명했습니다. 하나 이는 잠깐의 눈속임이었을 뿐, 왕은 국민의회를 진압하기 위해 베르사유에 군대를 집결시켰습니다. 제3신분 대표들은 이에 맞서 민병대를 꾸렸습니다.

1789년 7월 11일, 삼부회의 최고 책임자인 재무총감 자크 네케르가 파면되고 파리에서는 혼란이 발생했습니다. 같은 해 7월 14일, 약 1만 명의 시민들이 정치수용소 바스티유 감옥을 습격했습니다. 바스티유 감옥의 습격은 프랑스혁명의 시작을 알리는 사건이었습니다. 성난 시민들은 루이 16세를 처형시켰고, 절대군주체제인 '앙시앵 레짐'은 해체되었습니다.

들라크루아의 그림에 담긴 사회계약론

프랑스 낭만주의 화가 외젠 들라크루아$^{\text{Eugene Delacroix, 1798~1863}}$는 19세기 초 유럽 미술을 지배하고 있던 고전주의와는 다른 길을 걸었습니다. 명료하고 합리적인 질서와 안정된 구도를 추구했던 고전주의는 절대왕정이 몰락하면서 함께 쇠퇴하기 시작했습니다. 예술가들은 이전까지 관심을 가지지 않았던 감각적인 것, 그리스나 로마 기원의 문화가 아닌 자국의 문화에 더 관심을 기울였습니다. 들라크루아는 고전주의의 완벽하고 질서정연한 구조에서 벗어나 거칠고 대담한 구성과 붓 터치의 그림, 프랑스사회를 소재로 한 그림을 선보였습니다.

프랑스혁명이 발생하고 한 달여가 지난 1789년 8월 26일, 국민의회는 「인간과 시민의 권리 선언」을 발표했습니다. 이 선언은 "인간은 자유롭고 평등한 권리를 가지고 태어나서 살아간다", "모든 주권의 원리는 본질적으로 국민에게 있다" 등의 내용을 담고 있었습니다. 이 선언에 가장 많은 영향을 미쳤던 것은 장 자크 루소의 '사회계약론'이었습니다.

영국 철학자 토머스 홉스나 존 로크 등의 사상가들이 제시했던 사회계약론은 사회나 국가가 성립된 토대를 평등하고 이성적인 개인들의 계약 속에서 찾았습니다. 루소는 사회계약론에 따라 모든 인간이 국가가 성립되기 전인 자연 상태에서 생명과 자유, 재산에 대한 자연법상의 권리를 가지고 있고, 이러한 권리를 보장받기 위해 계약에 따라 국가를 설립한 것이라고 주장했습니다. 국가가 자연권을 침해하면 국민은 이에 저항하고 새로운 정부를 구성할 권리를 가지고 있다고 선언한 루소의 사상은 프랑스혁명의 중요한 사상적 토대가 되었습니다.

들라크루아는 루소의 사회계약론에서 강조한 자유와 평등의 정신을 그림에 담아냈습니다. 바로 〈민중을 이끄는 자유〉가 그것입니다. 이 작품은 1830년에 발생했던 '7월혁명'을 묘사했습니다.

1793년 1월 13일, 국왕 루이 16세가 단두대에서 처형된 이후 프랑스에서는 왕정이 폐지되고 여러 형태의 정부가 설립되었습니다. 하지만 정부가 제기능을 수행하지 못하자 전쟁 영웅이었던 나폴레옹 보나파르트가 쿠데타를 일으켜 권력을 장악했고, 대외 정복을 통해 프랑스를 강력한 국가로 만들고자 했습니다. 러시아 원정에 실패한 나폴레옹이 1814년에 폐위된 후 다시 왕정이 들어섰습니다. 루이 18세가 사망한 후 1824년 왕위에 오른 샤를 10세는 앙시앵 레짐으로 돌아가기를 원했기에 출판 자유를 억압하고, 하원을 해산시키며, 선거 자격을 제한하는 등의 반동정책을 시행했습니다. 이에 반대하는 부르주아와 국민들은 다시 항쟁을 일으켰고, 1830년 7월 29일에 왕궁을 점령하며 항쟁을 마무리했습니다.

〈민중을 이끄는 자유〉에는 바리케이드를 넘어 왕의 전제정치에 저항하는 시민들의 모습이 등장합니다. 무기를 들고 왕궁으로 향하는 사람들을 자세히 살펴보면, 프랑스 혁명을 주도했던 부르주아들임을 알 수 있습니다. 주로 상공업이나 전문직에 종사하면서 부를 축적했던 이들은 높은 모자를 쓰고 타이를 맨 채 총을 들고 있습니다. 그 옆에는 원뿔 모양의 프리지앙 모자를 쓰고 긴 바지를 입은 사람들이 무기를 들고 진격하고 있습니다. 프리지앙 모자는 로마시대에 자유의 몸이 된 노예들이 자유를 상징하기 위해 썼던 모자입니다. 그림의 아랫부분에는 7월항쟁에서 희생된 사람들의 모습이 보입니다. 그리고 이들 위로 삼색기를 들고 민중을 이끄는 여신이 있습니다. 삼색기는 청색, 백색, 적색의 선으로 등분돼 있는데, 청색은 자유, 백색은 평등, 적색은 박애를 상징합니다. 이 삼색기는 프랑스혁명 당시 파리를 상징하는 청색과 왕실을 상징하는 백색을 이용해 병사들의 모자를 만든 것에서 유래한 것입니다.

7월혁명 이후 왕의 권력이 헌법에 의해 제한되는 입헌군주제가 성립되었습니다. 왕으로 선출된 루이 필리프가 통치했던 기간 동안 프랑스에서는 산업화가 진행되면서 자본주의의 영향력이 확산되었습니다. 하지만 경제불황으로 인해 노동자 계급의 사회적 불만이 고조되었고, 노동운동이 활발해지자 정부는 이를 탄압했습니다. 1832년 6월, 입헌군주제를 타도하고 공화정을 세우려 했던 청년들은 항쟁을 일으켰지만, 정부의 군대에 의해 무력하게 진압되었습니다. 위고의 소설 『레 미제라블』과 동명의 영화는 이 6월항쟁을 배경으로 하고 있습니다.

18세기 말 앙시앵 레짐을 해체하고 국민이 국가권력의 근원이 되어야 한다고 강조했던 프랑스혁명은 들라크루아의 그림과 위고의 소설의 시대적 배경을 연결하고 있습니다. 루소의 사회계약론과 인민주권론은 민중의 저항을 그린 이 작품들을 관통하는 주제이자, 오늘날에도 유효한 명제입니다.

〈민중을 이끄는 자유〉는
1830년 프랑스에서 발생했던 7월혁명을 묘사한 그림입니다.
왕의 전제정치에 저항하는 시민들과 삼색기를 들고
민중을 혁명으로 이끄는 여신이 있습니다.
들라크루아는 루소의 사회계약론에서 강조한
자유와 평등의 정신을 그림에 담아냈습니다.

조지프 말로드 윌리엄 터너, 〈전함 테메레르〉, 1839

제국주의는 전함을 타고

윌리엄 터너, 〈전함 테메레르〉

나폴레옹은 지중해에 위치한 프랑스령 코르시카섬에서 태어났습니다. 나폴레옹의 아버지는 코르시카의 독립을 위해 싸운 투사였지만, 프랑스 군대에 의해 독립 세력이 진압되자 친 프랑스로 전향해 귀족 작위를 수여받은 인사였습니다. 귀족 아버지 덕분에 군사학교 등에서 교육을 받게 된 나폴레옹은 군사와 정치에 상당한 지식을 쌓을 수 있었습니다. 프랑스혁명이 발생하고 코르시카에서는 다시 독립운동의 열기가 타올랐고, 당시 독립운동을 지휘했던 파스콸레 파올리가 나폴레옹을 친프랑스 세력으로 지목해 코르시카섬에서 추방시켰습니다. 고향에서 추방당해 프랑스로 망명한 나폴레옹은 왕당파가 일으킨 쿠데타를 대포로 진압해 화제의 인물이 되었고, 이탈리아 원정 사령관의 자리에까지 올랐습니다. 나폴레옹은 이탈리아뿐만 아니라 세력을 확장시키고 있던 오스트리아까지 점령하는 데 성공했습니다. 이러한 업적으로 나폴레옹은 구국의 영웅으로 추대받았습니다.

프랑스 시민들의 열렬한 지지를 얻은 나폴레옹은 통령정부를 수립했습니다. 원칙상 통령정부는 세 명의 통령이 국가를 운영하는 것이었지만, 사실상 권력의 중심에는 나폴레옹이 있었습니다. 10년이 임기였던 통령의 임기를 종신제로 바꾸고, 결국 나폴레옹은 황제의 지위를 획득했습니다.

증기선에 끌려가는 과거의 영광

프랑스혁명 이후 유럽의 국가들은 자유와 평등을 강조하는 혁명 정신이 확산되는 것을 우려했습니다. 혁명 사상을 유럽에 전파시키려는 프랑스와 이를 저지하려는 국가들 사이에 전쟁이 발생했는데, 나폴레옹의 집권 이후 이 전쟁은 점차 영토 정복 전쟁으로 그 성격이 변질되었습니다. 영국을 중심으로 오스트리아, 프로이센, 러시아 등의 국가들이 동맹을 맺고 프랑스와 전쟁을 벌였습니다. '나폴레옹 전쟁'이라고 불리는 이 전쟁에서 프랑스와 스페인 연합 함대는 스페인 남쪽에 위치한 트라팔가르에서 영국 함대와 전쟁을 벌였습니다. 당시 영국 함대의 지휘자는 호레이쇼 넬슨 제독이었습니다. 나폴레옹 전쟁에서 프랑스는 영국에 패배했고, 영국 본토에 상륙하려 했던 나폴레옹의 계획은 좌절되었습니다.

넬슨은 27척의 함대를 이끌고 트라팔가르 해전에 참전했습니다. 이 함대 중 하나가 바로 '테메레르호'였습니다. 영국 화가 조지프 말로드 윌리엄 터너Joseph Mallord William Turner, 1775~1851는 영국의 해군력을 유럽 전체에 보여주었던 이 전함을 그림으로 표현했습니다. 터너는 풍경화를 주로 그렸던 화가로 감각을 강조하는 낭만주의로부터 많은 영향을 받았습니다. 그가 그림에서 중요하게 생각했던 것은 색채였습니다. 〈전함 테메레르〉는 넬슨이 나폴레옹을 상대로 승리를 거두는 데 큰 공헌을 했던 테메레르가 해체 작업장으로 이동하는 모습을 그린 것입니다. 석양이 빛나는 하늘과 검붉은 강은 터너가 중요하게 생각했던 색채의 변화를 잘 보여주고 있습니다. 영국이 세계적인 패권을 지닌 강대국으로 부상하는 데 중요한 역할을 했던 테메레르호는 19세기 중반에 등장한 증기선에 끌려가고 있습니다. 이 그림을 통해 터너는 일몰과 함께 사라지는 과거의 명성을 낭만적으로 묘사했습니다.

터너의 그림에서 눈길을 끄는 것은 증기선입니다. 소빙기에 석탄을 보다 효율적으로 채굴하기 위해 개발된 증기기관은 여러 분야에서 활용되었는데, 대표적인 예가 증기선이었습니다. 1807년에 미국 뉴욕 동부를 흐르는 허드슨강에 길이 43미터, 용적 150톤의 증기선이 등장했습니다. '노스리버호'입니다. 당시 뉴욕과 올버니를 오가는 데 범선은 4일 정도 걸렸지만 노스리버호는 30시간이면 충분했습니다. 이 증기선을 발명한 사람은 미국 기술자인 로

버트 풀턴이었습니다. 증기선은 바람이나 물살의 영향을 받지 않고 일정한 속도로 이동할 수 있었습니다. 풀턴의 증기선은 세계 최초로 정기 운행을 시작했고, 다른 지역으로 확산되었습니다.

1845년에 영국 기술자인 이삼바드 킹덤 브루넬은 세계 최초의 철제 증기선을 발명했습니다. '그레이트브리튼호'는 당시 세계에서 가장 큰 증기선이었는데, 영국 브리스톨에서 뉴욕까지 대서양을 항해하는 데 약 2주일 정도가 걸렸습니다.

증기선과 제국주의의 팽창

19세기 중반에 들어서면서 철제 증기선이 운반한 것은 승객과 화물만은 아니었습니다. 풍부한 석탄과 철 덕분에 가장 먼저 산업혁명을 진행했던 영국은 공장에서 대량으로 생산되는 상품들을 만들 원료와 이를 팔 수 있는 점령지를 모색했습니다.

영화 〈아편전쟁〉은 청제국 황제였던 도광제가 역대 황제들의 초상화 앞에서 통곡하는 장면으로 끝이 납니다. 아편전쟁은 1840년 6월, 산업혁명으로 강대국이 되어가는 영국과 당시 가장 부유하고 강력한 나라였던 청제국 사이에 발생했던 전쟁입니다. 이미 오래 전부터 영국은 중국으로부터 도자기나 차, 비단 등을 수입해왔습니다. 하지만 영국에는 모직물을 제외하고 딱히 수출할 만한 상품이 없었기 때문에 15세기 이후 남아메리카에서 채굴된 막대한 양의 은이 모두 중국으로 흘러들어갔습니다. 이렇게 중국으로 흘러들어간 은을 회수할 방법을 모색했던 영국은 중국에 새로운 상품을 판매하기 시작했습니다. 바로 아편입니다.

아편은 영국의 식민지였던 인도에서 발견된 것입니다. 1623년 향신료 '육두구'(사향 향기가 나는 호두)를 차지하기 위해 인도네시아 암본섬에서 영국은 네덜란드와 전쟁을 벌였습니다. 전쟁은 네덜란드의 승리로 끝났고, 인도네시아에서 후퇴한 영국은 인도를 새로운 점령지로 삼았습니다. 영국은 인도에서 발견한 아편을 청제국에 밀수출했습니다. 당시 청제국은 정치적으로 부패하고 경제적으로 낙후했던 상황이었기에 많은 백성들이 현실의 고통을 잊기 위해 아편을 피웠습니다.

1780년대 영국이 청제국에 밀수출했던 아편은 약 1000상자였던 반면, 1830년에는 1만 상자 이상으로 약 10배 이상 증가했습니다. 이미 청제국은 여러 차례 금지령을 내렸지만, 영국은 무역 적자를 해소하기 위해 계속 아편을 밀수출했습니다. 결국 도광제는 임칙서를 특사로 광저우로 보내 아편 거래를 막게 하고 아편 판매 상인들을 추방하는 등 강경하게 대응했습니다. 이에 영국은 무력으로 맞섰습니다. 영국 군함 '네메시스호'는 120문의 대포를 3단으로 갖춘 철제로 만들어진 증기선이었습니다. 증기기관과 제철공업이 발달했던 영국에게 더 이상 청제국은 맞수가 되지 못했습니다.

이 전쟁에서 패배한 청제국은 영국과 불평등 조약을 체결했습니다. 홍콩 할양과 5개 항구 개방, 전쟁 배상금 지불 등을 내용으로 하는 '난징조약'이 그것입니다. 이제 더 이상 중국은 세계에서 가장 부유하고 강력한 제국이 아니었습니다. 청제국이 영국에게 패한 이후 프랑스와 독일, 러시아 등의 유럽 열강과 미국이 잇달아 청제국과 조약을 체결했습니다. 19세기 중반까지 세계에서 가장 인구가 많고 부유했던 중국이 유럽 제국들의 식민지로 전락하는 순간이었습니다.

이 같은 현상은 중국에서만 발생한 것은 아니었습니다. 1852년 미국 제독인 매튜 페리는 철제 증기선인 '미시시피호'와 철제 대포가 장착된 흑선을 이끌고 일본 가나가와현 남동부에 위치한 우라가에 도착했습니다. 당시 기록에 따르면 많은 일본인들은 증기기관을 장착해 검은 연기를 뿜어내는 철제 증기선을 보고 매우 두려워했다고 합니다. 결국 일본은 1854년 3월에 항구를 개방하고 미국과 교역할 것을 약속하는 조약을 체결할 수밖에 없었습니다. 1875년에는 일본이 강철로 구조를 만들고 증기기관을 장착한 군함을 이끌고 조선으로 왔습니다. 일본의 막강한 군사력에 못 이긴 조선은 흔히 '강화도 조약'이라 불리는 '조일수호조규'를 체결합니다. 이 조약 이후 조선은 점차 일본에게 국권을 강탈당하기 시작했고, 결국 일본의 식민지로 전락하고 말았습니다.

산업혁명과 함께 등장했던 증기선은 제국주의의 팽창을 뒷받침해주는 든든한 버팀목이었던 셈입니다.

영국이 세계적 패권을 지닌 강대국으로 부상하는 데 중요한 역할을 했던
테메레르호는 19세기 중반에 등장한 증기선에 끌려가고 있습니다.
이 그림에서 터너는 일몰과 함께 사라지는
과거의 명성을 낭만적으로 묘사했습니다.

존 가스트, 〈미국의 진보〉, 1872

골드러시와 미국의 명백한 운명

존 가스트, 〈미국의 진보〉

"깊고 깊은 산골짝에 오막살이 집 한 채, 금을 캐는 아버지와 예쁜 딸이 살았네. 내 사랑아 내 사랑아 나의 사랑 클레멘타인, 늙은 아비 혼자 두고 영영 어디 갔느냐."

우리에게도 친숙한 노래 〈클레멘타인〉의 가사입니다. 이 노래는 19세기 중반 캘리포니아에 몰려들었던 '포티나이너forty-niner'들이 만든 노래입니다. '포티나이너'는 '49년에 온 사람'이라는 뜻입니다. 1948년 1월 캘리포니아 새크라멘토 근처의 강에서 사금이 발견됐습니다. 이 소식은 삽시간에 퍼져 미국뿐 아니라 유럽, 중남미, 아시아에서도 사람들이 몰려들었습니다. 이 사건을 미국에서는 '골드러시'라고 부릅니다. 2017년 여름, 캘리포니아에서 다시 골드러시가 발생했습니다. 6년 동안 지속된 가뭄이 끝나고 강에 물이 흐르자 사람들은 다시 사금 채취에 관심을 가졌던 사건이지요.

사금은 금을 포함한 돌이 풍화작용으로 부서진 후 강가나 해변가에 퇴적된 것을 뜻합니다. 이 사금은 다음과 같은 방법으로 채취합니다. 먼저 금이 포함된 흙을 손잡이가 없는 넓은 프라이팬 같은 접시에 모아놓고 물 속에서 흔들어 사금을 분리해야 합니다. 1차적으로 중력을 가하는 회전반 운동을 하면 비중이 낮은 돌이나 금속류가 흘러나가고, 금과 비중이 비슷한 금속류가 남게 됩니다. 그리고 남아 있는 사금을 핀셋이나 스포이드로 분리를 하면 됩니다. 이 방법을 사용해 1970년대에 800옥스 이상의 금을 채취한 사람도 있다고 합니다.

'명백한 운명'에 도취했던 미국

수많은 사람들이 황금을 찾아 이동해왔던 캘리포니아의 역사는 16세기로 거슬러 올라갑니다. 1542년 스페인 탐험가 후안 로드리게스 카브리요는 캘리포니아주 남서쪽에 위치한 샌디에이고만을 발견했고, 북쪽으로 올라가 캘리포니아 해안을 탐험했습니다. 18세기 말 캘리포니아에는 스페인 식민지가 건설되었지만, 1821년 멕시코가 스페인으로부터 독립하면서 캘리포니아는 멕시코의 영토가 되었습니다. 같은 시기 텍사스 역시 멕시코의 영토가 되었습니다.

　텍사스가 면화 재배에 적합하다는 사실을 안 미국인들은 노예와 함께 이주하기 시작했고, 미국인들의 숫자가 증가함에 따라 멕시코 정부는 미국인과 노예들의 이주를 금지했습니다. 이러한 정책에 불만을 가진 이주민들은 반란을 일으켜 텍사스는 공화국으로 독립했으며, 곧바로 미국과의 합병을 요청했습니다. 텍사스 합병이 미국사회에서 뜨거운 감자로 부상했을 때, 당시 뉴욕에서 발행되는 시사잡지 〈민주평론〉의 편집인인 존 오설리번은 다음과 같이 선언했습니다. "미국의 '명백한 운명'은 대륙 전체에 영토를 확대하여 이것을 소유하는 것입니다."

　오설리번이 선언한 '명백한 운명'은 19세기 미국인들의 영토 팽창에 가장 중요한 원동력이 되었습니다. 미국인들은 텍사스뿐만 아니라 당시 멕시코가 지배하고 있던 캘리포니아 역시 미국의 영토가 될 것이라고 생각했고, 영토 확장은 신이 미국에게 부여한 운명이라는 합리화가 만연했습니다. 당시 대통령이었던 제임스 포크는 의회 연설에서 미국이 서부로의 팽창을 더욱 활발하게 해야 한다고 강조했습니다.

　19세기 후반에 그려진 존 가스트John Gast, 1842~1896의 〈미국의 진보〉는 17~19세기 후반까지 지속되었던 미국인들의 영토 팽창 열망을 잘 보여주는 그림입니다. 그림의 중앙에 표현된 여신은 미국의 자유를 상징하는 '콜럼비아 여신'입니다. 15세기 말 콜럼버스의 아메리카 상륙을 기념하는 '콜럼버스 데이'나 콜럼버스의 이름을 따서 붙인 도시나 거리처럼 콜럼비아 여신도 콜럼버스에서 이름을 따온 것입니다. 가스트의 그림에서 콜럼비아 여신은 '진보progress'로 불리는데, 여신이 수호하는 자유와 진보는 오로지 백인들을 위한 것이었습니다. 콜럼비아 여신 아래로는 말을 타고 이동하는 사람들과 마차나 기차로 이동하는 사람들의 모습이 보입니다. 19세기 중반까지 서부로 팽창하는 백인들입니다.

1849년 캘리포니아에서 발생했던 골드러시는 미국의 서부 팽창을 가속화시켰던 분수령이라 볼 수 있습니다. 그림에서 콜럼비아 여신은 밝은 동쪽에서 어두운 서쪽으로 이동하고 있습니다. 다시 말해 미국사회의 진보는 동쪽에서 서쪽으로 확대되는 것이며, 이를 통해 미국사회가 더욱 발전할 것이라는 낙관주의와 희망이 그림에 담겨 있습니다. 그림에서 시선을 끄는 것은 어두운 서쪽에 그려진 아메리카 원주민의 모습입니다. 백인들이 서쪽으로 이동하면서 영토를 팽창하자 원래 그 지역에 살고 있던 아메리카 원주민들은 거주지를 잃었습니다.

19세기 중반까지 미국에 살고 있었던 아메리카 원주민들은 약 30만 명이었습니다. 이들은 농경에 종사하거나 들소를 키우면서 살았는데, 서쪽으로 진출한 백인들로 인해 갈등이 심화되었습니다. 특히 미시시피강과 미주리강의 대평원에 살고 있던 원주민들은 백인들의 서부 진출로 인해 많은 부족들이 절멸 위기에 놓였습니다. 서부로 팽창하는 과정 속에서 백인들이 걸림돌로 간주되는 아메리카 원주민과 들소들을 잔인하게 살해했기 때문입니다.

백인과 원주민 간의 갈등은 '운디드니의 학살'을 초래하기도 했습니다. 1890년 12월 사우스다코타주의 운디드니에서 백인들에 의해 들소가 학살당해 생활이 어려워진 수족은 새로운 구세주의 출현을 기원하는 종교의식을 지냈습니다. 거류지의 관리인은 이를 반란의 전조로 착각하고 병력을 개입해 200명 이상의 무고한 아메리카 원주민들이 목숨을 잃고 말았습니다.

가스트의 그림에는 백인들에 의해 추방되고 생활 터전을 빼앗긴 아메리카 원주민의 모습이 등장합니다. 하지만 그림을 그린 사람이나 이를 지켜보는 사람들은 이들에 대해 별다른 감정이 없는 듯합니다. '명백한 운명'에 취해 있던 미국인들은 미국의 팽창과 발전을 위해서라면 원주민들의 무고한 희생은 마땅히 치러야 할 대가라고 생각했던 것 같습니다.

미국은 진보의 걸림돌을 어떻게 배제했는가

골드러시로 가속화된 미국의 서부 팽창은 원주민과의 갈등 외에도 새로운 갈등을 야기했습니다. 19세기 말 발생했던 '미국내전'은 미국사의 중요한 전환점이었습니다. 내전 이후 미국사회는 이전과는 완전히 다른 정체성을 획득했기 때문입니다.

19세기 초 미국은 북동부와 북서부, 그리고 남부의 세 지역으로 나뉘어져 있었습니다. 북동부는 산업화의 중심지였으며, 북서부는 농경, 남부는 면화 플랜테이션 농장이 발달해 있었습니다. 공장의 제조업이 발달한 북부와 흑인을 노예로 부리는 면화 농업이 발달한 남부의 정치적, 경제적 상황은 많이 달랐습니다. 이 같은 차이는 새로운 영토의 연방 가입에서도 가시적으로 나타났습니다. 1820년 미주리주가 노예가 합법인 주에 가입을 하게 되었습니다. 당시 자유주(노예제도가 불법인 주)와 노예주(노예제도가 합법인 주)가 각각 11개의 주로 균형을 이루고 있었기 때문에, 균형이 깨질 것을 우려한 정부는 뉴잉글랜드 북쪽에 위치한 메인주를 자유주로 가입시켰습니다. 그리고 북위 36도 30분을 경계로 북쪽은 자유주, 남쪽은 노예주가 성립한다고 결정했습니다. 이를 '1820년 미주리 타협'이라고 부릅니다.

　1849년 골드러시로 인구가 급증한 캘리포니아가 자유주로 연방 가입을 신청하자 노예제를 둘러싼 남북 간의 갈등은 더욱 심화되었습니다. 캘리포니아가 자유주로 된다면 연방에서 탈퇴하겠다는 남부 출신의 정치인들도 있었습니다. 미국사회의 분열을 원치 않았던 정부는 캘리포니아를 자유주로 인정하되 멕시코와의 전쟁으로 얻은 뉴멕시코와 유타주의 노예제 여부는 주민들의 의사에 따라 결정하기로 했습니다. 1820년의 타협에 이은 '1850년의 타협'이었습니다.

　두 차례의 타협에도 불구하고 미국 내에서의 갈등은 더욱 심화되었고, 결국 '미국의 남북 전쟁'이라 불리는 '미국내전'이 발생하게 되었습니다. 이 전쟁은 북부 지역의 승리로 귀결되었고, 노예제는 폐지됐고, 미국사회는 상공업 중심 사회로 변모했습니다.

캘리포니아의 골드러시로 미국에는 중국인들도 많이 유입되었습니다. 30만 명에 가까운 중국인들이 미국으로 이민을 왔고, 미국 정부는 부지런한 중국인들의 이민을 장려하기도 했습니다. 중국인들은 미국 내에서 온갖 궂은일을 도맡아 했습니다. 미국의 경제성장에 결정적으로 기여했던 '대륙횡단철도'의 부설도 중국인의 노동력이 없었다면 불가능했을 것입니다. 캘리포니아주 새크라멘토와 네브래스카주 오마하를 연결하는 대륙횡단철도는 1869년 5월 10일에 완공됐습니다. 약 2800킬로미터에 달하는 이 철도를 통해 수많은 인구와 물자들이 이동할 수 있었습니다. 하나 서부지역의 영토를 연결해준 대륙횡단철도의 부설 이후 미국 정부는 중국인들을 배척하기 시작했습니다.

미국내전 이후 경제적으로 불황을 앓았던 미국인들은 중국인들에게 일자리를 빼앗기고, 나아가 미국이 중국인들의 나라가 될 것을 두려워했습니다. 1871년에는 로스앤젤레스의 한 차이나타운에 백인들이 쳐들어가 물건을 약탈하고 중국인들을 살해하는 일이 발생했습니다. 이는 중국인에 대한 백인들의 혐오와 두려움을 단적으로 보여주는 사건이었습니다.

1882년에는 미국 최초로 성문화된 이민제한법이 제정되었습니다. 바로 '중국인 배척법'입니다. 중국인의 시민권 획득과 이민을 20년 동안 제한한다는 내용의 이 법안은 발의된 지 한달여 만에 대통령의 서명을 받아 법으로 제정되었습니다.

'명백한 운명'이라는 이름으로 전개된 미국의 서부 팽창은 그들의 진보에 걸림돌이 된 존재들을 어떻게 몰아내고 배제시켜왔는가를 보여준 역사였습니다. 아메리카 원주민과 중국인들에게 보여주었던 미국 백인들의 뿌리 깊은 차별과 배제의 역사는 오늘날에도 그 흔적이 남아 있습니다.

존 카스트의 〈미국의 진보〉는 17~19세기 후반까지 지속되었던
미국인들의 영토 팽창 열망을 잘 보여주는 그림입니다.
미국의 자유를 수호하는 콜롬비아 여신 아래로는
마차나 말을 타고 서부로 팽창하는 백인들의 모습이 보입니다.
그림의 한편에는 백인들에게 쫓기고 추방당하는
아메리카 원주민들이 있습니다.

조셉 스텔라, 〈브루클린 다리〉, 1919-20

철근 콘크리트로 건설된 현대사회

조셉 스텔라, 〈브루클린 다리〉

1919년 미국에서는 '금주법'이 통과했습니다. 주류의 제조 및 판매를 금지하는 법이었습니다. 금주를 통해 미국사회를 도덕적으로 개혁할 수 있을 것이라는 기대는 식민지 시대부터 존재했습니다. 금욕과 절제를 강조하는 청교주의가 미국사회에 만연하면서 술은 모든 악의 근원으로 간주되었고, 술의 주조와 판매를 금지시켜야 한다는 주장이 빈번하게 제기되었습니다. 결국 1919년에 제정된 연방헌법 수정조항 제18조에서는 미국 내 주류 제조와 판매, 그리고 수입 및 수출을 금지했습니다. 하지만 금주법의 시행은 오히려 밀주나 밀매 등과 같은 위법 행위를 초래했습니다. 미국 전역의 밀주 조직을 지배했던 사람은 알폰소 카포네였습니다. '밤의 황제 알 카포네'로 잘 알려져 있는 인물입니다. 뉴욕의 빈민가에서 출생한 그는 시카고 범죄조직을 이끌면서 밀주와 밀매, 매춘, 도박, 폭력 등의 범죄행위를 통해 엄청난 부를 축적했습니다.

영화 〈원스 어폰 어 타임 인 아메리카〉는 1920~30년대, 금주법이 시행된 한편으로 경제적으로 번영했던 미국사회가 배경인 작품입니다. 1921년 좀도둑질을 일삼던 누들스는 맥시를 비롯한 친구들과 함께 밀주 운반으로 돈을 벌어들입니다. 누들스의 무리에 위협을 느낀 폭력배 벅시는 누들스의 친구를 죽이고, 이에 분노한 누들스는 벅시를 살해한 후 감옥에 들어가게 됩니다. 1932년에 복역한 누들스는 밀주사업으로 크게 성공한 맥스를 다시 만나지만, 금주법의 철폐로 그들의 사업도 위기를 맞이합니다. 맥시는 연방준비은행을 털기로 계획하고, 누들스는 이를 말리지만 맥스는 끝내 고집을 꺾지 않습니다. 친구를 살리기 위해 누들스는 경찰에 신고전화를 하고, 이로 인해 맥스를 비롯한 친구들은 총에 맞아 죽게 됩니다. 친구를 죽게 만든 배신자라는 죄책감을 가지고 괴로워하며 살아갔던 누들스는 35년 후 베일리 장관의 초대를 받게 됩니다. 그리고 그곳에서 오래전 죽은 줄 알았던 친구 맥스를 만나게 됩니다. 베일리 장관이 된 맥스는 누들스에게 고백합니다. 35년 전, 친구들이 죽게 된 것은 누들스의 신고 때문이 아니라 자신의 계획으로 인한 것이었으며 현장에 나타난 경찰들도 맥스의 조직원들이었다고요. 누들스는 배신자인 자신을 죽여달라는 맥스의 부탁을 뒤로 하고 과거를 흘려 보냅니다.

플래시백과 플래시포워드 기법으로 시간의 교차를 보여준 이 영화에서 변함이 없이 등장하는 공간이 있습니다. 바로 브루클린 다리입니다. 1883년에 완공된 브루클린 다리는 맨해튼 섬 남쪽과 브루클린을 연결하고 있습니다. 다리의 길이는 1053미터로 완공 당시 세계에서 가장 긴 다리였습니다. 이 다리를 설계한 사람은 미국 토목기사 존 로블링인데, 이 다리를 현수교로 짓고자 했습니다. 현수교는 사람이나 자동차 등의 하중을 받는 교상이 케이블에 달려 있는 다리를 의미합니다. 브루클린 다리는 세계 최초의 현수교로서 케이블을 강철로 만들었다는 점에서 주목할 만합니다. 강철은 철과 탄소의 합금으로서 크게 탄소강과 특수강으로 구분될 수 있습니다. 탄소강은 0.04~1.7퍼센트의 탄소를 함유하고 있는데 오늘날 전 세계적으로 가장 많이 사용되는 금속이며, 특수강은 탄소강에 특별한 원소를 더해 개선한 것입니다.

미래주의와 조지프 스텔라

19세기 중반 이후 급속한 산업화가 진행되면서 기계는 현대사회의 일부가 되었습니다. 이 같은 사회적 변화 속에서 많은 예술가들이 대도시의 역동성을 표현하고자 했습니다. 20세기 초 이탈리아에 등장한 예술 사조는 그러한 변화를 반영했습니다. 과거의 전통과 아카데미로부터 벗어나 새로운 시대를 묘사하고자 했던 새로운 예술 사조를 '미래주의'라고 부릅니다. 대도시의 속도감이나 역동성을 표현하기 위해 이들은 단일한 시점이 아니라 복수의 시점을 통해 움직임을 파악하고자 했습니다. 이를 위해 대상의 잔상에 관심을 가지면서 자신들이 현재 보고 있는 것과 기억하고 있는 것들을 종합적으로 표현했습니다. 특히 선을 중심으로 공간을 새로운 방식으로 재구성하고, 그 속에서 형체의 변화를 표현하고자 했습니다. 이 같은 미래주의에 많은 영향을 받았던 조지프 스텔라 Joseph Stella, 1877~1946는 미국의 화가였습니다.

20세기 초 미국사회는 산업화와 도시화, 이민 등 직면한 문제들을 해결하고, 변화하는 미국사회의 모습을 제대로 반영한 새로운 문화를 형성하려는 움직임이 활발했습니다. 예술에서도 예외는 아니었습니다. 이미 많은 예술가들이 아카데미가 지배하고 있던 편협하고 배타적인 예술에서 벗어나 감정을 자유롭게 표현하고 미국사회의 변화를 반영하고자 했습니다. 특히 미국 예술이 국가적 차원을 넘어 국제적 차원으로 부상해야 한다고 강조하면서 1913년 뉴욕에서는 '현대미술 국제전시회'가 열렸습니다. 대부분의 전시회가 갤러리에서 열렸던 반면, 현대미술 국제전시회는 렉싱턴 가에 위치한 무기고에서 열렸기 때문에 이 전시회는 '아모리 쇼Armory Show'라고 불렸습니다. 조셉 스텔라는 이 전시회에 참여하면서 유럽과 미국 모더니즘 예술가들을 만나게 되었고, 그들로부터 많은 영향을 받았습니다.

스텔라는 뉴욕이 변화하는 미국사회의 중심이라고 생각했습니다. 그리고 미래주의에서 강조하는 선의 경계와 공간의 재구성을 통해 뉴욕의 모습을 잘 표현할 수 있다고 믿었습니다. 그가 선택한 소재는 바로 '브루클린 다리'였습니다. 19세기 말에 건립된 이후 뉴욕에서 가장 아름다운 다리로 언급되곤 했던 브루클린 다리는 강철로 만들어진 케이블 덕분에 마천루와 더불어 산업화 시대의 상징이기도 했습니다. 스텔라는 브루클린 다리야말로 미국의 위대함을 잘 보여주는 것이라고 생각했습니다. 그는 사선을 이용해 공간을 분할하고, 미래주의 예술가들과 마찬가지로 대상의 현재 모습과 잔상을 총체적으로 보여주고자 했습니다. 그의 작품 〈브루클린 다리〉는 추상화처럼 난해하기도 하지만, 주변의 대상을 소재로 삼아 미국사회의 변화를 표현했다는 점에서 20세기 초 미국 예술에 많은 영향을 미쳤습니다.

철근 콘크리트와 현대사회

사실 현대사회는 철강과 더불어 시작되었다고 해도 과언이 아닙니다. 1885년 시카고에서는 전 세계적으로 가장 높은 건물인 홈 인슈어런스 빌딩이 세워졌습니다. 당시 대부분의 건물들이 목재로 지어졌던 반면, 이 빌딩은 최초로 철재 구조물을 사용해서 지은 건물이었습니다.

1871년 시카고에서 발생한 화재로 1만 8000채의 건물과 10만 가구 이상의 주택이 불탔습니다. 이후 시카고에서는 도시 재건이 시작되었는데, 화재에 취약한 기존의 목재 건물 대신 철근 콘크리트를 사용했습니다. 철근 콘크리트는 콘크리트 속에 강철 막대를 넣어 내성을 강화시키는 건축 재료입니다. 철근 콘크리트가 개발된 이후 이를 사용한 높은 건물들이 시카고뿐만 아니라 미국 내 다른 대도시들에서도 등장했습니다.

  1931년에 완공된 이후 오랫동안 뉴욕의 상징이 되었던 건물이 있습니다. 높이 380미터 이상의 102층짜리인 이 건물은 당시 세계에서 가장 높은 건물이었습니다. 바로 엠파이어 스테이트 빌딩입니다. 이 빌딩은 6만 톤 이상의 강철을 사용해 지은 것으로 유명합니다.

  브루클린 다리에는 재미있는 일화가 있습니다. 조선시대에 대동강을 팔아먹은 '봉이 김선달'의 일화는 다들 아시겠지요. 조선에 한양 상인들에게 대동강 물을 팔았던 봉이 김선달이 있다면, 미국에는 브루클린 다리를 판 사람이 있었습니다. 뉴욕에 살고 있던 폴 하투니언은 브루클린 다리 완공 100주년인 1983년에 브루클린 다리로 갔습니다. 인부들은 브루클린 다리의 보수를 위해 처음 다리를 건설할 때 사용된 낡은 목재들을 떼어내고 있었습니다. 하투니언은 인부들에게 낡은 목재들을 자신에게 팔 수 있는지 물었고, 그들은 흔쾌히 수락했습니다. 낡은 목재를 집으로 가져온 그는 매우 작은 조각으로 잘라 수천 개의 조각들로 만들었습니다. 그리고 이 나뭇조각을 가진 사람들은 브루클린 다리의 일부를 매입했다는 내용의 인증서를 만들어 붙였습니다. 그는 언론에 자신이 브루클린 다리를 매입했고, 그 일부를 판매하고자 한다는 내용의 팩스를 보냈습니다. 수많은 언론 매체들이 그에게 인터뷰를 요청했고, 수천 개의 나뭇조각들은 개당 14달러 95센트에 팔렸습니다.

 브루클린 다리를 미국의 상징으로 여겼던 스텔라처럼 많은 미국인들이 이 다리에 애정을 가지고 있음을 보여주는 에피소드입니다. 철근 콘크리트로 지어진 다리와 고층 건물, 선과 공간으로 표현된 미래주의 예술은 현대로 들어선 미국사회의 정체성을 보여주는 표상이었습니다.

존 슬론, 〈6시 정각〉, 1912

세계로 뻗어나가는 철도

존 슬론, 〈6시 정각〉

1804년 영국의 발명가 리처드 트레비식은 철을 싣고 운행할 수 있는 증기기관차를 발명했습니다. 주요 운송수단으로 마차가 전부였던 시절에 리처드 트레비식의 기관차는 많은 이들의 호기심을 불러 일으켰습니다. 그의 기관차는 철 10톤과 마차 5대, 그리고 70명의 사람을 싣고 영국 웨일스의 페니대런에서 애버사이논까지 약 16킬로미터를 운행했습니다. 트레비식은 친구에게 다음과 같은 내용의 편지를 썼습니다. "원래 기관차는 시속 5마일의 속력을 낼 수 있었지만, 가는 길에 있는 나무나 바위를 치워야 했기 때문에 시간이 더욱 길어졌어." '페니대런'이라 불리는 트레비식의 기관차는 세계 최초의 증기기관차였습니다.

철도,
산업화의 한 획을 긋다

　18세기 말 산업혁명이 시작된 영국에서 제철공업은 새롭게 떠오른 산업 분야였습니다. 영국 잉글랜드에 위치한 콜브룩데일은 당시 제철공업의 중심지였습니다. 이 지역에서 대량으로 생산되는 철을 영국 전역으로 운송하기 위해 두 가지 변화가 나타났습니다. 하나는 다리의 건설이었습니다. 콜브룩데일 근처에 흐르는 세번강을 가로지르는 다리를 건설하고, 철을 운송했습니다. 재미있는 사실은 바로 이 다리가 철로 만들어졌다는 것입니다. 1799년에 설립된 세계 최초의 철교인 아이언 브리지는 영국 산업혁명의 시작과 발전을 보여주는 상징물입니다.

　다른 하나는 증기기관차였습니다. 잉글랜드 북부에 위치한 달링턴은 중요한 석탄 산지였고, 잉글랜드 동북부에 위치한 스톡턴은 중요한 운송지였습니다. 산업혁명 이전의 영국에서는 달링턴의 석탄을 스톡턴까지 운반하기 위해 마차를 이용했지만, 석탄 생산량이 급증함에 따라 새로운 운송 수단이 필요했습니다. 이에 영국 발명가 조지 스티븐슨은 강철로 철로를 만들어 로코모션호를 운행했습니다.

　영국에서 시작된 증기기관차와 철도는 이내 다른 지역들로 급속하게 확산되었습니다. 1830년에 메릴랜드주 볼티모어시와 오하이오주를 연결하는 최초의 철도가 개통되었습니다. 이전까지 미국에서 가장 중요한 운송 수단은 운하였습니다. 19세기 미국에서 서부 개척과 더불어 동부와 서부를 연결하는 것은 매우 중요한 과제 중 하나였는데, 처음에는 유료 도로를 건설했습니다. 하지만 점차 증기선과 운하 건설이 활발해졌습니다. 1807년 풀턴의 증기선이 뉴욕주 동부를 흐르는 허드슨 강에서 뉴욕과 올버니를 왕복하는 데 성공하자 여러 강에서 증기선을 운행하기 시작했습니다. 그리고 뉴욕주 정부는 허드슨강에 위치한 올버니와 이리호에 위치한 버펄로를 연결하는 운하를 건설했습니다. 1825년에 완성된 '이리 운하'는 화물 운송 가격을 20분의 1로 크게 인하시켰습니다. 이리 운하와 필라델피아와 피츠버그를 연결하는 운하가 건설되면서 볼티모어시는 이들과 경쟁해야만 했습니다.

미국에 건설된 철도는 처음에는 볼티모어에서 엘리콧까지 메릴랜드주에만 국한해서 운행되었지만, 점차 서쪽으로 확대되면서 오하이오주까지 연결되었습니다. 미국의 철도와 영국의 철도가 차이가 있다면, 미국의 철도는 증기기관이 아닌 말이나 바람에 의해 운행되었다는 것입니다. 이후 영국에서 증기기관차를 수입하면서 미국 내 여러 지역들에서 철도가 건설되었습니다. 1840년에 2800마일의 속력을 냈던 미국 철도는 10년 뒤 9000마일로 증가했고, 미국내전이 발발했던 1860년에는 3만 마일 이상이었습니다. 하지만 이 철도는 대부분 북동부와 북서부를 연결했기 때문에 당시 남부인들은 많은 불만을 가지게 되었고, 이는 미국내전의 발발의 중요한 원인 가운데 하나였습니다.

제국주의에 이은
독점 자본주의의 등장

영화 〈설국열차〉는 현실사회의 폭력과 살인, 배신, 탐욕을 끝없이 달리는 기차 안에 담아냈습니다. 얼어붙은 지구를 달리는 기차는 디스토피아 속의 유일한 유토피아를 상징합니다. 최첨단 기술이 집약된 기차는 미래사회를 상징하지만, 여전히 통제와 억압, 불평등이 난무하는 인간사회를 보여주기도 합니다. 영화를 벗어나 현실의 기차가 인간사회에서 가지는 의미도 그러했습니다.

내전 이후 미국에서는 산업화가 더욱 가속되었습니다. 제철이나 토목 등 새로운 산업들이 부상하면서 물질적 번영이 축적되었고, 유럽의 일부 국가들과 마찬가지로 해외 식민지에 관심을 가졌습니다. 하지만 이 같은 확장과 번영의 혜택을 모두가 누리는 것은 아니었습니다. 미국사회의 부는 정치인들과 결탁한 소수 독점 자본가들의 것이었습니다. 그리고 자본가의 독점이 가장 극심했던 분야는 철도였습니다. 19세기 중반부터 후반까지 수많은 철도가 일부 회사들에게 통합되었습니다. 처음에는 철도회사들이 함께 모여 가격이나 시장 분배 등을 결정함으로써 무분별한 경쟁을 피하려 했지만, 결국 소수 회사들이 미국 전역의 철도를 지배하는 구조가 형성되었습니다.

이처럼 부조리한 현실을 바꾸기 위한 움직임도 미국 곳곳에서 나타났습니다. '혁신주의'라 불리는 이런 움직임은 정치, 경제, 문화 등 다양한 분야에서 시작되었습니다. 당시 많은 언론인들은 정계와 재계의 결탁 및 부패, 부조리하고 불평등한 미국사회의 모습을 고발하는 내용의 글을 발표했습니다. 철도회사의 부패와 비리도 주요 고발 대상에 들어갔습니다.

혁신주의의 흐름은 예술에도 전파되었습니다. 1908년 미국 뉴욕 맥베드 갤러리에서 전시회가 열렸습니다. 당시 절대적이고 배타적인 규정을 통해 신진 예술가들을 통제했던 국립 디자인 아카데미에 대한 반발과 미국 미술의 새로운 길을 모색하기 위해 열린 이 전시회에는 여덟 명의 화가들이 참여했기 때문에 흔히 '8인전'이라고 불립니다.

'8인전'에 참여했던 화가 가운데 한 사람은 존 슬론John Sloan, 1871~1951이었습니다. 그는 미술이 일상생활과 밀접한 관련성을 가져야 한다고 생각했기 때문에 주변에서 쉽게 볼 수 있는 대상을 그림의 소재로 삼았습니다. 특히 다양한 인종들이 모여 있는 뉴욕이야말로 대도시의 역동성과 다양성을 잘 보여주는 공간이라고 생각했습니다. 그의 그림 〈6시 정각〉은 바로 이와 같은 특징을 잘 보여주고 있습니다. 그림의 중앙에는 기차가 등장합니다. 기차는 20세기 초 미국사회에서 발생했던 급속한 산업화와 도시화의 결과물이지요. 기차를 통해 슬론은 현대사회의 역동성과 속도감을 표현하고자 했습니다.

19세기 중반부터 다양한 사람들이 미국으로 이주해왔습니다. 과거에는 주로 서유럽에서 이주했던 사람들이 많았던 반면, 동유럽이나 남유럽, 아시아 등지에서 수많은 사람들이 보다 나은 기회를 찾아 미국으로 이주했습니다. 이들이 유입됨에 따라 이전보다 훨씬 다양한 인종과 민족들이 미국사회를 구성했고, 이러한 변화는 예술에도 영향을 미쳤습니다. 예술가들은 전통문화로부터 벗어나 대도시의 다양성과 변화를 작품에 반영해야 한다는 예술적 자각과 실천을 이행했습니다. 기차는 회화의 소재와 표현 기법의 변화를 초래했던 중요한 모티브 가운데 하나였습니다.

기차가 현대사회를 표상하는 상징으로 인식된 것은 미국에서만은 아니었습니다. 1899년 9월 우리나라에도 최초의 철도가 개통되었습니다. 철도 공사는 부설권을 얻은 미국인에 의해 시작되었지만 자금 부족으로 이내 공사가 중단되었습니다. 이후 일본인이 운영하는 경인철도회사가 부설권을 인수해서 그 공사를 완공시켰습니다. 이렇게 완공된 철도는 서울 노량진과 인천을 연결하는 경인선으로 약 33킬로미터에 달했습니다. 경인선의 경영권은 1906년에 통감부에 매각되었습니다. 통감부는 1904년부터 1905년 사이에 발생했던 러일전쟁에서 청나라와 러시아에 승리한 일본이 우리나라의 외교활동을 관리하기 위해 설치한 기구입니다. 하지만 12개 지방에 지청을 설립한 이후 외교뿐만 아니라 우리나라의 모든 행정 업무를 담당하기 시작했고, 이후 조선총독부 철도국이 경인선의 경영권을 가지게 되었습니다.

조선총독부는 일제강점기에 조선을 지배했던 식민통치기구입니다. 총독을 중심으로 입법, 사법, 행정 체계에서 전권을 행사하면서 우리 민족을 억압하고 탄압했습니다. 식민지의 효율적인 지배를 위해 일본은 철도에 많은 관심을 가졌습니다. 경인선 외에도 서울과 부산을 연결하는 경부선과 서울과 신의주를 연결하는 경의선을 부설했습니다. 특히 경부선과 경의선은 러일전쟁에서 승리한 일본이 획득한 남만주 철도와 연결되면서 일본의 대륙 진출의 토대가 되었습니다. 일본은 정치적, 군사적 목적을 위해 항구와 내륙 중심지를 연결하고자 했고, 농산물 및 광물을 효율적으로 수송하고자 했습니다. 이를 위해 철도를 부설한 것입니다. 이러한 점에서 철도는 근대화뿐만 아니라 20세기 제국주의의 양상을 잘 보여주는 역사적 증거라 할 수 있습니다.

조지 럭스, 〈헤스터가〉, 1905

홀로코스트와 인종주의

조지 럭스, 〈헤스터가〉

2001년 미국에서 개봉한 영화 〈컨스피러시〉의 배경은 밀폐된 회의장뿐입니다. 등장인물들은 심각한 얼굴로 회의를 하고 있습니다. 때는 미국이 제2차 세계대전에 참가한다는 소식이 들린 1942년 1월 20일, 독일의 나치 지도부들은 유럽에 거주하고 있는 유태인들의 운명에 관한 비밀회의를 가집니다. 그리고 두 시간의 난상토론 끝에 지도부들은 유대인들을 몰살시키기로 결정합니다.

인류사의 비극, 홀로코스트의 탄생

1929년 미국에서 발생한 대공황은 온 세계에 영향을 미쳤습니다. 특히 제1차 세계대전('1차대전')에서 패배한 독일에 대공황이 미친 여파는 심각했습니다. 전쟁에서 패하고 대공황으로 인해 실의에 빠진 독일인들에게 민족적, 인종적 자부심을 가지라고 기운을 북돋은 사람이 있었습니다. 바로 아돌프 히틀러입니다.

제국주의가 팽창하던 19세기 말 유럽의 열강들은 식민지를 쟁탈하기 위해 치열하게 경쟁했습니다. 1차대전은 1914년 사라예보에서 울린 총성이 발단이 되었지만, 그 이전부터 영국, 프랑스, 독일 등의 제국주의 국가들은 새로운 경제적 판로를 뚫을 영토 확장에 혈안이 되어 있었기에 언제 전쟁이 일어나도 이상하지 않았습니다. 1914년부터 4년간 계속되었던 전쟁은 프랑스-영국-러시아 동맹군의 승리로 끝났습니다. 1919년 6월 28일, 전쟁에서 패배한 독일은 프랑스의 베르사유 궁전에서 전쟁배상, 군대제한, 영토축소, 식민지 포기 등의 굴욕적인 조항을 담은 '베르사유조약'을 체결해야 했습니다.

조국의 굴욕을 참을 수 없었던 히틀러는 독재 정치를 통한 강한 독일 재건, 베르사유조약 파기, 반유대주의 등을 강령으로 한 나치당을 꾸리고 1923년에 뮌헨에서 봉기를 시도했습니다. 봉기는 군부와 관료의 지지를 얻지 못해 실패하였고, 히틀러는 투옥됐지만 이 사건은 그의 이름을 독일사회에 널리 알리는 계기가 되었습니다. 수감생활 동안 히틀러가 집필한 『나의 투쟁』에서 그는 동유럽 정복을 통한 독일인의 생존권 확대를 이야기했습니다.

전쟁의 패배와 대공황 이후 혼란스러운 독일 정치와 경제를 수

습하기 위해 대통령이었던 파울 폰 힌덴부르크는 대중이 지지했던 히틀러를 수상으로 임명했습니다. 일당 독재체제를 확립한 히틀러는 대통령의 사망 이후 독일의 지배자가 되었고, 군비 확장을 통해 독일을 발전시키고자 했습니다. 그는 이러한 과정에서 독일인의 우월성을 강조했습니다.

인도와 이란 등의 지역에서 살고 있었던 아리아인이 유럽으로 이동하면서 독일인의 조상인 게르만족이 되었습니다. 히틀러와 국가사회주의 독일 노동자당, 즉 나치는 독일제국이야말로 가장 신성하고 우월한 아리아인의 나라이기 때문에 독일인은 세계 어느 민족보다도 우월하다고 강조했습니다. 당시 독일에는 게르만족 외에도 여러 인종들이 함께 살고 있었는데, 히틀러는 이들로부터 독일인의 순수성을 보호해야 한다고 주장했습니다.

1935년 히틀러는 하나의 문서에 서명했습니다. 이 문서의 내용은 법으로 제정되어 독일 남동부에 위치한 바이에른주 뉘른베르크에서 열린 전당대회에서 발표되었습니다. '뉘른베르크법'이라 불리는 이 법은 두 가지의 내용으로 구성되어 있는데, 하나는 '독일인의 피와 명예를 지키기 위한 법'이고 다른 하나는 '국가시민법'이었습니다. '독일인의 피와 명예를 지키기 위한 법' 제1조 1항에서는 "모든 유대인과 독일 국적 혹은 독일 혈통 사이의 결혼은 금지한다. 이 법을 피해 해외에서 한 결혼이라 하더라도 이는 무효이다"라고 선언하고 있습니다. 이 법에 따라 독일에 살고 있던 수많은 유대인들이 시민권과 참정권을 박탈당했습니다. 뿐만 아니라 전문직에도 종사하지 못하게 되었습니다.

  1939년 9월 1일, 히틀러는 폴란드를 침공하면서 제2차 세계대전('2차대전')을 일으켰습니다. 효율적인 전쟁 수행을 위해 나치는 유대인들의 재산을 몰수했고, 이들을 지정된 구역인 게토로 강제 이주시켰습니다. 그리고 유대인들을 절멸시키고자 했습니다. 1945년 2차대전이 끝날 때까지 나치에게 학살당한 유대인의 수는 대략 600만 명 이상이었습니다.

  히틀러와 나치가 유대인들에 대해 보였던 편견이나 적의, 증오 등을 '반유대주의'라고 합니다. 반유대주의의 기원은 『구약성서』까지 거슬러 올라갑니다. 『구약성서』의 마지막 역사서인 「에스더서」에는 페르시아제국의 왕비이자 유대인이었던 에스더에 관한 이야기가 나오는데, 유대인을 증오한 하만이 모든 유대인을 죽이려 하는 일화가 등장합니다. 13세기 교회는 유대인들에게 배지나 모자 등의 착용을 강요하기도 했습니다. 유대인과 그렇지 않은 사람을 구분하기 위해서였습니다. 세계 곳곳에 흩어져 살게 된 유대인을 '디아스포라'라고 합니다. 기원전 597년 바빌로니아제국에 의해 이스라엘이 몰락한 이후 약 1만 명 이상의 유대인들이 바빌로니아로 끌려갔고, 이후 이들은 이스라엘로 되돌아가지 못한 채 세계를 떠돌아다니게 되었습니다.

  일부 유대인들은 유럽으로 이동했고, 오랫동안 유럽의 다른 민족들과 함께 살았습니다. 그러므로 독일에서 유대인을 구분한다는 것은 그리 쉽지 않았습니다. 많은 유대인들이 독일인과 결혼해서 가정을 이루고 있었고, 심지어 자신이 유대인이라는 사실을 모르는 사람도 많았습니다. 하지만 나치는 조부모가 유대인이면 손자까지 유대인이라고 규정했고, 이들에게 두 개의 정삼각형으로 구성된 '다비드의 별'을 달도록 강요했습니다.

나치는 유대인에 대한 독일인의 적대감을 극대화시키기 위해 다양한 전략을 수행했습니다. 2차대전이 벌어지는 동안 나치는 유대인을 돈만 밝히는 탐욕스러운 모습이나, 순진한 독일 여성을 꼬드겨 결혼하는 악마의 모습으로 그린 포스터를 배포했습니다. 독일 어린이들을 유대교 의식의 희생물로 삼는 유대인의 모습을 그린 포스터가 배포되기도 했습니다.

1933년 독일 전역에 설치된 강제수용소는 유대인들을 감금하고 학살하기 위한 공간이었습니다. 많은 유대인들이 법적 절차도 없이 강제수용소로 끌려갔습니다. 독일의 지배를 받고 있던 폴란드에는 악명 높은 아우슈비츠 강제수용소가 설립되었는데, 나치가 설립했던 수용소 중에서 가장 규모가 컸던 곳으로 150만 명이 넘는 유대인들이 이곳에 수용되었습니다.

1941년 9월, 아우슈비츠에서는 끔찍한 학살이 자행되었습니다. 수용소에 설치된 네 개의 독가스실에서는 1만 2000명을 한꺼번에 죽일 수 있었습니다. 총으로 유대인을 죽였던 나치는 보다 빠르고 효과적인 학살을 위해 독가스실을 만들었습니다.

역설적이게도 유대인을 학살하는 데 사용된 독가스를 개발한 사람도 유대인이었습니다. 독일 화학자 프리츠 하버는 유대인이었지만 독일에 충성심이 높았습니다. 그는 공기 중의 질소로 암모니아를 형성하는 방법을 발견해 노벨화학상을 수상했고, 독일의 1차 대전 승리를 위해 염소로 만든 독가스를 발명했습니다. 독일군을 1차대전에서 독가스를 이용해 5000명이 넘는 프랑스군을 살해했습니다. 그리고 이 독가스는 2차대전에서 유대인을 학살하는 무기가 되었습니다.

헤스터 가에 모여 살았던 이주민들의 현실

나치의 박해를 견디지 못한 유대인들은 다른 나라로 피난을 갔습니다. 유럽의 다른 국가로 이주한 유대인들도 있었지만, 멀리는 대서양을 건너 아메리카로 이주한 이들도 있었습니다. 1648년에는 우크라이나에서 발생한 유대인 학살을 피해 많은 유대인들이 아메리카로 향했습니다. 독립전쟁 직후 아메리카 식민지에 살고 있던 유대인들은 3000명 내외였고, 19세기 후반에 대규모의 유대인들이 이주해서 뉴욕에는 8만 명 정도의 유대인들이 살았습니다. 한데 2차대전이 끝난 직후 뉴욕에 거주했던 유대인들은 200만 명 이상으로 급증했습니다. 나치의 홀로코스트를 피해 이주해온 유대인들이 급증했기 때문입니다. 아메리카로 이주해온 유대인들은 맨해튼의 로어 이스트 사이드에 위치한 헤스터가에 주로 모여 살았습니다.

미국 화가 조지 럭스$^{George\ Luks,\ 1867~1933}$는 헤스터가에 모여 살던 유대인들의 모습을 그렸습니다. 럭스는 20세기 초 미국에서 유행했던 '애시캔파'의 대표적인 화가이자, 자유로운 감정의 표현을 표방한 '8인전'에 참가하기도 했습니다. 애시캔파는 미국사회의 현실을 있는 그대로 담아내자고 주장하면서 어두운 색을 사용하거나 거친 느낌의 화풍을 보였던 그룹입니다. 이들은 많은 사람들이 모여 있는 거리나 지하철, 공원 등의 현실적인 풍경을 그림의 소재로 삼았습니다. 매춘부, 취객, 빈민가 등 대도시의 이면을 들춰내는 것도 중요한 그림의 주제였습니다. 애시캔파는 미국사회의 부패한 모습을 거침없이 폭로하는 언론인이나 사실주의 작가들에게 많은 영향을 받았습니다.

럭스는 주로 노동자들의 모습이나 도시생활 등을 소재로 그림을 그렸습니다. 1905년에 그린 〈헤스터가〉는 유대인들이 모여 살았던 헤스터가의 모습을 있는 그대로 표현한 작품입니다. 럭스는 헤스터가에서 물건을 구경하거나 사는 사람들의 모습, 손수레를 미는 사람, 길거리를 돌아다니는 사람 등을 묘사했습니다. 세기의 전환기에 여러 나라에서 뉴욕으로 이주해온 이주민들의 다채로운 모습이 잘 표현되어 있는 그림이지요. 조지 럭스는 사람들의 일상생활이 미국사회를 보여주는 거울이라고 생각했고, 가난한 이민자들이 모여 살았던 로어 이스트 사이드는 그에게 그림 소재를 제공하는 중요한 공간이었습니다.

20세기 초까지 로어 이스트 사이드에는 유대인, 아일랜드인, 이탈리아인 등이 살았습니다. 이들은 모두 미국사회에서 환영받지 못하는 이민자라는 공통점을 가지고 있었습니다. 토착주의자들은 이민자들이 미국사회의 발전을 저해하는 존재라고 여겼습니다.

나치는 유대인을 열등한 민족으로 간주하고, 독일인의 인종적 우월성을 증명하기 위해 골턴의 우생학을 이용했습니다. 영국의 유전학자 프랜시스 골턴이 제시한 우생학은 인간을 유전학적으로 개량하기 위해 여러 가지 조건과 인자를 연구하는 학문입니다. 골턴은 다윈의 자연선택 이론이 자연뿐만 아니라 인간에게도 적용 가능하다고 믿었습니다. 성격이나 지능이 유전된다고 생각했던 골턴은 가난은 사회적으로 발생하는 것이 아니라 생물학적으로 열등하기 때문에 발생하는 것이라고 주장했습니다.

골턴의 이러한 사상은 나치뿐만 아니라 미국의 토착주의자들에게도 그대로 수용되었습니다. 오랫동안 미국의 백인들은 다른 유색 인종보다 자신들이 우월하다고 믿었습니다. 그들은 20세기 초까지 미국사회에 전염병이 발생하면 흑인이나 이민자, 동양인들 때문이라고 여겼습니다. 오늘날에도 여전히 골턴의 우생학을 지지하며 특정 인종이나 민족이 생물학적으로 열등하거나 우월하다고 믿는 히틀러의 후예들이 존재합니다. 이러한 점에서 나치의 홀로코스트는 우생학의 폐해를 가장 비극적으로 보여준 역사이자 인류의 오점이라 할 수 있겠습니다.

나치의 홀로코스트를 피해 아메리카로 이주해온 유대인들은
맨해튼의 로어 이스트 사이드에 위치한 헤스터가에 모여 살았습니다.
조지 럭스의 〈헤스터가〉는 유대인들이 모여 살았던
헤스터가의 모습을 있는 그대로 표현한 작품입니다.
게르만 민족이 우월하다고 믿으며 유대인을 말살시키려 했던
히틀러의 홀로코스트는 인류사의 가장 비극적인 역사였습니다.

찾아보기

───── **숫자, 영문**

6월항쟁 160, 166
7월혁명 164, 166
8인전 199, 209

───── **ㄱ**

갈라파고스제도 58, 59
갈릴레오 갈릴레이 24, 32, 41
〈감자 먹는 사람들〉 123
강화도 조약 174
『거울나라의 앨리스』 90
검은 새 57
검은 황금 119, 120
게르만족 45, 57, 205
경신 대기근 151
계수나무 21

고구려 석비 110
고전주의 113, 163, 164
『고려사』 42
골드 코스트 119
골드러시 177, 178, 180~183
공양왕 83~85
공진화 90
공통조상 61, 62, 68, 70
과학 혁명의 시대 32
『구약성서』 206
국민의회 162~164
그리스 로마 신화 20, 30, 33, 76, 105, 106
근대사회 128, 134, 139
금성 20, 22~24, 26, 48
금주법 187, 188
기독교 35, 69, 138, 139, 153
까막나라 46

─── ㄴ

『나의 투쟁』 204
나선 은하 34
나치 203, 205~208, 210
나폴레옹 165, 169~171
난징조약 174
남두육성 33
노스리버호 171
노예 119, 137, 145, 146, 159, 165, 179, 182
농경 38, 46, 81, 88, 97, 106, 136, 180, 181
닐 암스트롱 50, 51

─── ㄷ

다프네 105
『단원풍속도첩』 107
달 21, 24, 45~52
대공황 203, 204
대륙횡단철도 183
대멸종 62
대서양 삼각무역 119
대장간 106, 107, 109
대장장이 106, 108, 109
데모크리토스 31

돌꿀 115
『동방견문록』 136, 143
드미트리 벨라예프 89
디아스포라 206

─── ㄹ

러일전쟁 201
런던브리지 150
레드 퀸 90
〈레 미제라블〉 159
렌즈형 은하 34
로버트 풀턴 172, 197
록펠러센터 75, 95
루시 71
루이 14세 160, 161
루이 16세 162, 163, 165
루이 필리프 166
『리그 베다』 78
리처드 트레비식 195

─── ㅁ

마녀사냥 153, 154
마르코 폴로 136, 143
마야제국 96, 97, 102

마지막 빙하기 38, 80, 88, 151
마케도니아제국 115
마호메트 무함마드 116
메튜 페리 174
멕시코혁명 97, 98
면죄부 154
명백한 운명 179, 181, 184
몬산토 101
몽골제국 135~137
미국내전 181~183
미래주의 189~191
미리내 29
미시시피호 174
밀키웨이 30

―――― ㅂ

바로크 미술 77
바스티유 감옥 163
바이오연료 101
반고 신화 45
반달돌칼 107
반유대주의 138, 204, 206
버틀러법 69, 70
「별」 33
〈별이 빛나는 밤에〉 19
베르사유조약 204

베토벤 128
보스턴 차사건 130
봉건제도 117, 134, 139
부르주아 165
북두칠성 33, 34
브루클린 다리 189, 192, 193
비옥한 초승달 지대 87
빅뱅 22, 39
빅토르 위고 159, 160, 166
빨간 피터 65, 66

―――― ㅅ

사수자리 33, 34
『사자의 서』 37
사탕수수 101, 114~116, 118~120, 146
사회계약론 129, 164, 166
산살바도르 145
산업혁명 47, 61, 150, 155, 171, 174, 196
삼나무 25
삼부회 162, 163
삽살개 85, 86
새뮤얼 애덤스 130
샛별 23
생명의 나무 58, 59, 61, 62
서부 팽창 179~181, 183

석탄 154~155, 171, 196
석탈해 신화 108
〈설국열차〉 198
성경 69, 144, 154
성운 39, 40
소빙기 151~155, 171
소행성 23, 48, 49
수동적 순종성 이론 89
수렵채집 생활 80, 88
수피교 126
스트라스부르크 138
식민지 129, 130, 146, 155, 173, 174, 178, 187, 198, 201, 204, 208
실크로드 115, 146
십자군전쟁 116, 117

───── ㅇ

아를 19, 123~125
〈아를의 별이 빛나는 밤〉 19
아리스토텔레스 31
아리아인 205, 207
독립전쟁 130, 162, 208
아메리카 원주민 97, 98, 119, 143, 145, 146, 180, 181, 184
아모리쇼 190
아벰파세 31

아우슈비츠 강제수용소 207
아툼 37
〈아편전쟁〉 172
아폴로 25, 105, 106
아폴로 11호 50
아프리카 원주민 119, 120
알 비루니 31, 144
알폰소 카포네 187
알하젠 31
앙시앵 레짐 163, 166
애시캔파 209
에드윈 허블 34
역참제도 135, 136
오귀스탱 오지 59
오로라 41, 42
오스트랄로피테쿠스 아파렌시스 71
온실효과 23
『올리버 트위스트』 150
왕권신수설 161
왕립학회 129
왜소 타원 은하 34
용불용설 60
우생학 210
운디드니 학살 180
원숭이 재판 69
〈원스 어폰 어 타임 인 아메리카〉 188
원시 행성계 원반 40, 48
원주민의 날 141, 142

월식 46, 144
위그드라실 56
윌리엄 윌버포스 68
윌리엄스 증후군 89
유대인 138, 153, 203, 205~210
유인원 67, 68, 71, 80
유전자 변형 농산물(GMO) 100, 101
육두구 173
윤회사상 57
은하수 29~33, 35
운하 197
위성 51, 52
이민자 210
이슬람교 116, 126, 127
이슬람제국 117, 126
이집트 창조신화 37
이항복 109
「인간과 시민의 권리 선언」 164
인공위성 43, 50
인디언 143
인디오 전통 부흥운동 98
인상주의 38, 47, 113
인지세법 129
일산화탄소 23
일제강점기 200
잉카제국 38

── ㅈ

자바원인 79
자본주의 47, 150, 166
자연선택 이론 59, 60
작은곰자리 34
장 바티스트 라마르크 59~61
장 자크 루소 129, 164, 166
장건 115, 116
장발장 159, 160
재생가능에너지 43
전염병 119, 113
절대왕정 139, 161, 163
점성술 34, 35
제1차 세계대전 155, 204, 208
제2차 세계대전 50, 203, 206~208
제국주의 174, 201, 204
제우스 20, 30, 33, 34, 76, 77, 106
제임스 와트 155
제임스 쿡 147
제임스 포크 179
제임스 헨리 브레스테드 87
존 스콥스 69
존 오설리번 179
종교개혁 154
『종의 기원』 58
중국인 배척법 183
중상주의 129

증기기관 155, 171, 173, 174
증기기관차 155, 195~197
증기선 155, 171~174, 197
지구구형설 35, 144
지동설 24, 32, 35
진화론 58, 68~70

―― ㅊ

차이콥스키 127
찰스 다윈 58~61, 68, 210
찰스 디킨스 150
창조론 68, 69
천동설 24, 35
천체결집현상 24, 25
철강 191
철기시대 107
철도회사 196~201
철 제련술 109~111
초승달 21, 24, 26
초신성 폭발 22, 40
침팬지 67, 70~72, 80
칭기즈칸 135

―― ㅋ

카르페 디엠 138, 139
카리브해 117, 143, 144
카파 137
카페인 125
〈커피 칸타타〉 127
커피하우스 126~131
〈컨스피러시〉 203
케찰코아틀 96
코로나 질량 방출 42, 43
코르시카 169
콜럼버스 데이 141, 142, 179
콜럼비아 여신 179, 180
콜브룩데일 196
큐피드 105, 106
크로노스 20, 76
크리스토퍼 콜럼버스 117~119, 141~147, 179
〈키스〉 55
키파리수스 25

―― ㅌ

타원 은하 34
〈타작〉 107
탐보라 화산 152

태양계 23, 48
태양신 37, 38, 105, 106
테니스 코트의 서약 163
테메레르호 171
테오신트 99, 101
템스강 151, 152
토르티야 99, 100
토마스 헉슬리 68
토착주의자 210
트라팔가르 해전 171
트로이 전쟁 106
티탄족 76
티티카카호수 37

───── ㅍ

파스콸레 파올리 169
파투 48, 49
포르피리오 디아스 98
포티나이너 177
폴 하투니언 192
폴리네시아 114
프란츠 카프카 65, 66
프랑스혁명 129, 160, 163, 164, 166, 169, 170
프랜시스 골턴 210
프로메테우스 75~78

프리다 칼로 95
프리츠 하버 207
플랑드르 77, 134
플랜테이션 농장 119, 146, 181
플레어 현상 40
피그미족 78
피에르 불 72
핀치 58, 59

───── ㅎ

하늘의 강 30
하얀 금 118, 120
「학술원에 드리는 보고」 65
한스 리퍼세이 24
〈해바라기〉 19
핵융합 반응 39, 40
행성 22~25
향신료 114, 117, 118, 136, 143, 173
헤라 30, 106
헤라클레스 30, 33, 77
헤파이토스 106
혁신주의 198, 199
현대사회 189, 191, 193, 199, 200
〈혜성가〉 42
호레이쇼 넬슨 170, 171
호모 에렉투스 71, 79

호모 하빌리스 71

호미니드 67

〈혹성탈출〉 67, 72

홀로코스트 208, 210

화산 폭발 151, 152

화성 20, 22~24, 25, 48, 49

화식 80

황도 33

황도 12궁 33, 34

회색가지나방 60

흑사병 114, 133~139, 153

흑점 24, 40~43

히나 48, 49

히타이트제국 109, 110

히틀러 204~206

그림으로 읽는 빅히스토리
-빅뱅부터 혁명과 전쟁까지

1판 1쇄 인쇄 2018년 1월 10일
1판 1쇄 발행 2018년 1월 19일

지은이 —— 김서형
펴낸이 —— 한기호
책임편집 —— 이은진
편 집 —— 박주희
마케팅 —— 연용호
경영지원 —— 김윤아
디자인 —— 장원석
인 쇄 —— 예림인쇄

펴낸곳 —— (주)학교도서관저널
　　　　　출판등록 제2009-000231호(2009년 10월 15일)
　　　　　121-839 서울시 마포구 동교로 12안길 14(서교동) 삼성빌딩 A동 3층
　　　　　전화 02-322-9677　팩스 02-322-9678
　　　　　전자우편 slj9677@gmail.com
　　　　　홈페이지 www.slj.co.kr

ISBN 978-89-6915-042-4　03400

이 도서의 국립중앙도서관 출판예정도서목록(CIP)은 서지정보유통지원시스템
홈페이지(http://seoji.nl.go.kr)와 국가자료공동목록시스템(http://www.nl.go.kr/kolisnet)에서
이용하실 수 있습니다. (CIP제어번호 : CIP2018001112)

책값은 뒤표지에 있습니다.